Ryuho Okawa

Die Happiness-Prinzipien

Die Happiness Prinzipien

Vier Wege für ein wirklich gutes Leben

RYUHO OKAWA
Internationaler Bestseller-Autor

SILBERSCHNUR VERLAG

Die englische Ausgabe erschien 2011 unter dem Titel „The Laws of Happiness“ bei Lantern Books.

ISBN: 978-3-89845-425-4

1. Auflage 2014

First published as „Kofuku-no-Ho“ by IRH Press Co., Ltd. in 2004

Aus dem Englischen von Andrea Fischer
Gestaltung: XPresentation, Güllesheim; unter Verwendung verschiedener Motive von © mixcolours, www.fotolia.com und © Svetlana Ivanova, www.fotolia.com
Druck: Finidr, s.r.o. Cesky Tesin

Verlag »Die Silberschnur« GmbH · Steinstr. 1 · 56593 Güllesheim
www.silberschnur.de · E-Mail: info@silberschnur.de

Inhalt

Vorwort 9

1. Kapitel: Nie wieder unglücklich

1. Jeder Mensch erlebt Glück und Unglück anders 15
2. Die Samen des Erfolgs und die Samen der Niederlagen 21
3. Das Leben ist eine Selbstentdeckungsreise 33
4. Die Veränderung Ihrer Selbstwahrnehmung ist ein Erfolg für Ihre Seele 37
5. So überlisten Sie Ihr Schicksal 43

2. Kapitel: So können Sie Ihre beruflichen Leistungen steigern

1. Leben Sie Ihre Berufung 53
2. Verschiedene Möglichkeiten der Autodidaktik 61
3. So wichtig ist Kreativität 75
4. Optimieren Sie Ihre Teamstärke 83

3. Kapitel: Die vier Prinzipien zur Erlangung menschlichen Glücks – Liebe, Weisheit, Selbstreflexion und Fortschritt

1. Vier Pfade, um sich von Sorgen zu befreien 89

2. So befreien Sie sich von dem Leid, das mit der ewigen Suche nach Liebe verbunden ist: *Das Prinzip der Liebe* 91

3. Wenn Sie die Zeit haben, über Ihre eigene Unwissenheit zu jammern, so nutzen Sie diese zum Selbststudium: *Das Prinzip der Weisheit* 107

4. Selbstreflexion löst negative geistige Einflüsse auf: *Das Prinzip der Selbstreflexion* 123

5. Gedanken manifestieren sich: *Das Prinzip des Fortschritts* 135

6. Nutzen Sie diese vier Prinzipien für Ihre geistige Vervollkommnung 143

4. Kapitel: Laden Sie das Glück in Ihr Leben ein. Eine Einführung in die Lehre von Happy Science

1. Happy Science - wie alles begann 147

2. „Die Erforschung der richtigen geistigen Einstellung“ und „Die Prinzipien des Glücks“ 153

3. Das Prinzip der Liebe 161

4. Das Prinzip der Weisheit 173

5. Das Prinzip der Selbstreflexion 179

6. Das Prinzip des Fortschritts 189

7. Liebe, Erleuchtung und die Erschaffung eines Utopias auf Erden 193

5. Kapitel: Kein Zweifel – das Sonnenzeitalter steht bevor
1. Das Sonnenzeitalter 197
2. Lasst uns eine Welt erschaffen, die sich auf den Glauben stützt 199
3. Leben Sie ein Leben in der Liebe 205
4. So erlangen Sie eine höhere Stufe der Erleuchtung 209
5. Lassen Sie uns die Erde in ein „Utopia“, in eine ideale Welt verwandeln 213

Nachwort 216

Über den Autor 219

Über Happy Science 220

Vorwort

Die Buchreihe mit dem Serientitel „Die Gesetze", die mit dem „Gesetz der Sonne" und dem „Goldenen Gesetz" begann, hat in Japan inzwischen mit den „Gesetzen der Großen Erleuchtung" ihren siebten Band erreicht (Stand: Januar 2004). Nun möchte ich den achten Band präsentieren: „Die Gesetze des Glücks."

Ich habe bereits verschiedene Aspekte der Gesetze der Wahrheit vorgestellt. Nun schreibe ich dieses Buch, um das Kernthema „Was ist wahres Glück?" zu vertiefen. Dabei komme ich auf die Wurzeln von Happy Science zurück. Ungeachtet all meiner Schriften und Vorträge ist mein Licht nur stark genug, um meine Mission auf Erden zu erfüllen, wenn es mir gelingt, die Menschen in den Hafen des Glücks zu führen. Daher habe ich dieses Buch so geschrieben, dass es jedermann leicht verstehen kann - sogar Menschen, die mit der Wahrheit zum ersten Mal in Berührung kommen.

Das erste Kapitel trägt den Titel „Nie wieder unglücklich". Darin habe ich die Einsamkeit und das Unbehagen beschrieben, die sich in der Tiefe des Herzens eines jeden Menschen finden. Ich habe erklärt, dass es paradoxerweise die geistige Einstellung des Menschen ist, die diesem Unglück beschert. Das bedeutet nicht, dass man nicht glücklich sein kann, sondern vielmehr, dass man das Unglück richtiggehend einlädt, ohne es überhaupt zu merken. Zweifellos werden Sie erstaunt sein, dies zu lesen, und sagen: „Kann man das wirklich so sehen?“ Doch die Wahrheit ist, dass Sie, bevor Sie sich auf die Suche nach dem Glück machen können, zunächst einmal bewusst beschließen müssen, dass Sie nicht mehr unglücklich sein möchten.

Das zweite Kapitel trägt die Überschrift „So können Sie Ihre beruflichen Leistungen steigern“. Darin habe ich die grundlegenden und elementarsten Methoden dargelegt, die ich über das Berufsleben und Management aus meinen zahlreichen Schriften und Vorträgen zusammengetragen habe. Tatsache ist, dass die meisten Menschen den Großteil des Tages brav im Büro sitzen und gewissenhaft arbeiten. Aus diesem Grund ist es in der heutigen Gesellschaft unmöglich, eine Diskussion über das Glück zu führen, ohne dabei die beruflichen Leistungen zu berücksichtigen.

In diesem Kapitel wird es nicht darum gehen, wie man großartige Leistungen vollbringen kann. Vielmehr biete ich Ihnen Tipps, wie Sie Ihre beruflichen Leistungen und Ihre Leistungsfähigkeit sanft steigern können. Es ist ein Ansatz, der von ganz simplen Denkmustern ausgeht. Happy Science bietet an unseren Meditationszentren Möglichkeiten, sich noch weitaus mehr in das Studium des Managements zu vertiefen. Ich bin jedoch davon überzeugt, dass für diejenigen, die soeben erst mit dem Studium der Wahrheit begonnen haben, eine einfache Beschreibung hilfreicher sein wird.

In den Kapiteln 3 und 4 konzentriere ich mich auf den modernen Vierfachen Pfad beziehungsweise die „Prinzipien des Glücks“, den Kern der Gesetze der Wahrheit, die ich in diesem Leben lehre. Ich beschreibe die vier Prinzipien - Liebe, Weisheit, Selbstreflexion und Fortschritt - und stelle sie auf zwei unterschiedliche Weisen vor. Wenn Sie diese bei der Lektüre vergleichen, werden Sie verstehen, was ich wirklich damit meine.

Im Grunde lehrt Happy Science die Prinzipien des Glücks, die bei der Erforschung der richtigen Lebenseinstellung ansetzen. Wir erklären die Prinzipien des Glücks inzwischen auf viele unterschiedliche Arten und Weisen. Ich glaube, dass Sie die Grundlehren von Happy Science richtig erfassen können, wenn Sie die Kapitel 3 und 4 aufmerksam lesen.

Im 5. Kapitel - „Kein Zweifel - das Sonnenzeitalter steht bevor" - habe ich die Botschaft des ersten Bandes der Serie „Die Gesetze", also des Bandes „Das Gesetz der Sonne", skizziert. Ich habe dort eine Vision der Zukunft und die Richtung aufgezeichnet, die wir einschlagen müssen, um auf Erden eine ideale Welt zu erschaffen. Ich glaube, dass sich diese Welt in dem Maße in eine „utopisch schöne Gesellschaft" verwandeln wird, wie sich die Wahrheit verbreitet. Das Zeitalter, in dem dies stattfinden wird, wird als „Zeitalter der Sonne" bekannt werden. Ich kann den Beginn dieser neuen Zeit gar nicht mehr erwarten und glaube ganz fest daran. Ich hoffe inständig, dass dieses Buch dazu beitragen wird, uns die Zukunft in der Form zu bescheren, wie sie vorhergesagt ist.

Ryuho Okawa
Meister und Vorsitzender der Happy Science Gruppe

Erstes Kapitel:

Nie wieder unglücklich

1
Jeder Mensch erlebt Glück und Unglück anders

Eine Million Euro muss nicht unbedingt Glück bescheren

Ich habe einmal einen Vortrag mit dem Titel „So gewinnen wir den Kampf gegen das Schicksal" gehalten. Ich erklärte darin präzise und logisch, wie man sein Schicksal umgehen kann. In diesem Kapitel möchte ich das Thema etwas weiter vertiefen und über weitere, damit verwandte Themen sprechen.

Der Gedanke, das Schicksal überlisten zu können, klingt zunächst nach einem recht dreisten Einfall. Doch ob ein Mensch sein Schicksal verändert oder nicht, hängt davon ab, wie gut der Betreffende diese Lektion begreift und wie weit er sie in die Praxis umsetzt. Tatsache ist, dass meine Worte von Person zu Person unterschiedlich aufgefasst werden. Ich kann daher nur in Erfahrung bringen, wie er denn den abstrakt geschriebenen Teil verstanden hat, wenn ich jeden Einzelnen befrage.

Wenn ich „das Schicksal überlisten" mit einfacheren Worten ausdrücken müsste, könnte ich sagen: „Methoden, um nie wieder unglücklich zu sein" - etwas, worauf die meisten Menschen ganz versessen sind. Daher möchte ich an dieser Stelle das Thema „Was müssen wir tun, um nicht mehr unglücklich zu sein?" erörtern.

Wann verstärkt sich bei den Menschen das Gefühl, dass sie unglücklich sind? Natürlich verändern sich jene Gefühle von Leid und Elend genauso wie die Dinge, worüber die Menschen unglücklich sind, je nach Alter, den unterschiedlichen Positionen, die sie im Laufe der Zeit eingenommen haben, sowie auch gemäß ihrem Rang in der Gesellschaft. Daher kann man unmöglich einfach behaupten: „Ich werde mit Sicherheit unglücklich sein, wenn diese oder jene Situation eintritt." Oder: „Garantiert werde ich unter diesen Umständen glücklich sein." Man kann beispielsweise nicht kategorisch behaupten, dass man glücklich wäre, wenn man eine Million Euro besitzen würde - oder unglücklich, wenn man sie nicht hat.

In den meisten Fällen stimmt es, wenn man behauptet, dass man glücklich ist, wenn man körperlich stark ist, und unglücklich, wenn man schwach ist. Doch selbst dies hängt von den Umständen des Einzelnen ab. Im Falle eines Sumo-Ringers mag die Tatsache, dass er einen kräftigen Körper hat, bedeuten, dass er stark und glücklich ist, doch sein Alltag wird sicher alles andere als einfach sein. Vielleicht ist es bereits viele Jahre her, dass er das letzte Mal eine Leichtigkeit in seinem Körper gespürt hat, als er morgens erwachte. Daher wünschen sich Sumo-Ringer womöglich manchmal, sie wären ganz normale Menschen.

Ein Angestellter eines Unternehmens mag sich unglücklich fühlen, wenn er jeden Morgen in einem überfüllten Zug zu seinem Büro pendeln muss, und sich vielmehr wünschen, er würde so wohnen, dass er zu Fuß zur Arbeit gehen kann. Doch sobald er in Rente ist, stellt er vielleicht fest, dass seine Muskelkräfte schnell schwinden und dass ihm das Gehen schwerer fällt als früher. Dann wird er erkennen, wie glücklich er damals zu seinen Zeiten als Pendler war.

Daher können wir also nicht behaupten, dass ein bestimmtes Ereignis definitiv Glück oder Unglück bringen wird. Obgleich viele Menschen das Gleiche unter den gleichen Umständen erleben mögen, wird das Ergebnis von Person zu Person unterschiedlich sein, je nach deren Standpunkt und Einstellung zu dem Ereignis.

Was sollten wir vom Leben lernen?

Erwachsene sind nicht die alleinigen Leidtragenden. Heute sind sogar Kinder schon mit großen Ängsten konfrontiert. Wir leben nicht nur in einer Wettbewerbsgesellschaft, Kinder können auch durch die Sorgen ihrer Eltern belastet werden. Sie machen sich Sorgen wegen der begrenzten beruflichen Fähigkeiten oder Kenntnisse ihrer Eltern, manchmal aber auch schlichtweg aufgrund ihrer eigenen ängstlichen Natur.

Generell ist es am besten, wenn Kinder die Erwachsenen und ihre Vorgesetzten respektieren. Natürlich werden sie verschiedene Fehler erkennen und manchmal die schlechte Seite eines Menschen wahrnehmen. Doch wenn sie diese nur als einen kleinen Teilaspekt des Charakters einer Person sehen und denken, dass Erwachsene Respekt verdienen, weil sie ihnen Konzepte anbieten, damit sie sich weiterentwickeln können, werden sie problemloser aufwachsen. Sobald sie erwachsen und selbstständig geworden sind und verschiedenste Erfahrungen sammeln, sollten sie optimalerweise sowohl ihre eigenen Fehler und Schwächen als auch die ihrer Mitmenschen anerkennen, da sie daran wachsen können. Einen Erwachsenen, der zwar seinen Platz in dieser Welt gefunden hat, jedoch immer noch nicht imstande ist, die eigenen Fehler und Unzulänglichkeiten oder die seines Umfeldes zu erkennen, mag man als glücklich einstufen - doch dieser Mensch wird sich nicht mehr weiterentwickeln.

Menschen in jungen Jahren sollten also am besten den Erwachsenen Respekt zollen und erkennen, dass das Gros der Gesellschaft imstande ist, ihnen Lehrer zu sein, denn das wird ihrem Wachstum förderlich sein. Doch sobald sie erwachsen sind, wechseln die Menschen dann auf die andere Seite und nehmen die Führungsrolle für andere ein. Je mehr sie sich ihrer eigenen Defizite oder Fehler sowie der Unzulänglichkeiten anderer bewusst werden, desto mehr Raum wird für ihre eigene Entwicklung sein. Prinzipiell ist dies die beste Lebenseinstellung.

Doch es kann manchmal auch das Gegenteil eintreten - beispielsweise wenn man schlimme Eltern gehabt hat. Besonders in letzter Zeit soll ein Anstieg bei der Anzahl der Eltern zu verzeichnen sein, die ihre Kinder missbrauchen oder vernachlässigen, unter Alkohol stehen und in Wutanfälle ausbrechen oder zu arm sind, um ihre Kinder richtig zu ernähren. Dadurch werden ihre Nachkommen mit einer Reihe von Unzulänglichkeiten und Schwächen konfrontiert. Dies hat zum Anstieg der Anzahl an Kindern geführt, die mit Gewalt im häuslichen Umfeld und jeder Menge anderer Probleme aufwachsen müssen. Wenn diese Kinder erwachsen sind, tragen sie generell die Narben ihrer Erziehung. Infolgedessen werden Menschen, die bei Eltern aufgewachsen sind, die Fehler bei der Erziehung gemacht haben, in vielen Fällen selbst schlechte Eltern, wenn sie eine eigene Familie gründen.

Um ein erfolgreiches Leben zu führen, sollten diese Menschen die entgegengesetzte Haltung zu der oben beschriebenen einnehmen. Wenn sie als Kind gedacht haben „Was sind das nur für entsetzliche Eltern!“, dann gibt es für sie nur eines - und das ist, auf keinen Fall selbst so zu werden wie diese. Wenn sie sich immer wieder vorsagen, dass sie nicht wie ihre Eltern werden wollen, sondern vielmehr das Gegenteil, werden sie feststellen, dass sie allmählich so werden, wie sie wirklich sein wollen.

In unserer Gesellschaft gibt es eine Fülle von Menschen, die ihre Kindheitserlebnisse nochmals durchleben, wenn sie erwachsen sind. Doch wer in seiner Kindheit viel Unglück erlebt hat, sollte darauf achten, dass sich dies nicht durch sein gesamtes Leben zieht. Stattdessen müssen solche Menschen versuchen, dem entgegenzuwirken. Kinder, die nur die schlechte Seite oder die Fehler der Erwachsenen erlebt haben, sollten sich, während sie aufwachsen, selbst immer wieder ermahnen, nicht genauso zu werden.

Selbst wenn Menschen in ihrer Kindheit nur schlechte Vorbilder erlebt haben, wird es ihnen in vielen Fällen als Erwachsene gelingen, sich ins Gegenteil zu entwickeln, wenn sie fest entschlossen sind, wirklich anders zu werden. Wenn sie im Berufsleben eine gewisse Stufe auf der Erfolgsleiter erklommen haben, werden sie von ihren Mitmenschen immer mehr für ihre Leistungen gelobt und dadurch angespornt werden. Hat dieser Umkehrprozess einmal eingesetzt, so wird es ihnen sehr schwerfallen, weiterhin schlecht über andere Menschen zu denken. Wenn sie merken, dass sie von ihrem Umfeld nur noch Lob und Anerkennung ernten, werden sie schließlich beginnen, an das Gute in ihren Mitmenschen zu glauben. Selbst wenn sie in jungen Jahren nur die negative Seite von Erwachsenen erlebt haben, werden sie im Erwachsenenalter merkwürdigerweise merken, dass ihnen andere Menschen wohlgesonnen sind. Dies ist ein Beispiel dafür, wie man Erfolg haben kann, indem man sich das gegenteilige Verhaltensmuster antrainiert.

Es ist allgemein zutreffend, dass Kinder, wenn sie klein sind, nur wenig Verständnis für die Dinge haben, die sich in ihrem Umfeld abspielen. Um bestmöglich aufwachsen zu können, ist es am besten, wenn sie zu Erwachsenen aufblicken können, die Stärke ausstrahlen, bewundernswert wirken und die sie sich zum Vorbild nehmen können. Doch es kommt auch das Gegenteil vor. Sind Kinder von Erwachsenen umgeben, die oft ihre schlechteste Seite zeigen, und sie schwören sich auf dem Weg ins Erwachsenenalter, selbst nicht genauso zu werden, werden sie auch erfolgreich den entgegengesetzten Weg einschlagen.

Kinder, die unter privilegierten Bedingungen aufgewachsen sind, müssen besonders aufpassen, denn ihr günstiges Schicksal kann in späteren Jahren zur Hauptursache für ihren Absturz werden. Sie müssen die negative Seite des Lebens studieren, um zu erkennen, was dazu führt, dass Menschen Fehler machen oder scheitern. Tun sie dies nicht, so werden ihnen die Grundlagen für ihr weiteres Wachstum fehlen.

Es gibt sehr wenige Menschen, die imstande sind, ihr ganzes Leben lang nur unter günstigen Bedingungen zu verbringen. Sind sie in einem guten Umfeld aufgewachsen und jeder um sie herum erscheint wunderbar, werden sie die Härten des Lebens kennenlernen müssen. Haben sie erst einmal erkannt, was ihnen an ihrem Charakter noch fehlt beziehungsweise an dem ihrer Mitmenschen, werden sie erkennen, was sie als Nächstes tun müssen. Dadurch erhalten sie die Bausteine für ihren weiteren Erfolg.

Daher ist es zunächst wichtig zu erkennen, dass Glück und Unglück nicht bestimmte, festgelegte Zustände sind. Wie ich in meinem Werk „Unbesiegbares Denken" („Invincible Thinking") sowie in einigen anderen Büchern bereits dargelegt habe, werden Glück und Unglück nicht durch bestimmte Umstände ausgelöst. Alles hängt davon ab, was Sie aus den Ihnen gestellten Herausforderungen lernen oder ob Sie Ihre Lebensweise ändern. Ich habe auch bereits gesagt, dass das Leben wie ein Arbeitsbuch ist, das mit Aufgaben gefüllt ist, die es zu lösen gilt.[1] Sie sollten wissen, dass die Lösungsmöglichkeiten für diese Aufgaben von Mensch zu Mensch ganz unterschiedlich sind und dass jeder Mensch nur solche Herausforderungen vorgesetzt bekommt, die er auch meistern kann.

---

1) Siehe Kapitel 5, Abschnitt 3 in „Die Essenz des Buddha", Silberschnur 2005, sowie Teil 5, Abschnitt 1 in „Danke, mir geht es bestens!", Silberschnur 2011 - sämtliche Titel von Ryuho Okawa.

2
Die Samen des Erfolgs und die Samen der Niederlagen

Wenn höchstes Glück in größtes Unglück umschlägt

Sobald sie erwachsen sind, entwickeln viele Menschen einen Minderwertigkeitskomplex hinsichtlich eines Aspektes an sich selbst, den sie als Leiden oder Manko empfinden, so dass sie beginnen zu glauben, sie seien unglücklich. Sie denken: „Ich bin unglücklich, weil ich diesen Makel habe", „Ich bin unglücklich, weil ich diesen Kummer habe" oder „Ich bin unglücklich, weil ich meine Minderwertigkeitsgefühle nicht überwinden kann".

Subjektiv betrachtet sind diese Gefühle logisch. Doch objektiv gesehen sind sie es in vielen Fällen nicht. Ich sage dies aus dem Grunde, weil Menschen, die sich ihrer Fehler und Schwächen bewusst sind, den Vorteil haben, dass sie einfach wissen, was als Nächstes zu tun ist. Solche Menschen haben eine ganz klare Vorstellung von dem, was zu tun ist. Sie wissen von selbst, wo sie einen Fehler begangen haben und was sie tun müssen, um ein Problem zu überwinden, wenn sie mit einer Niederlage oder ihren eigenen Unzulänglichkeiten konfrontiert werden. Sie finden die Antwort in sich selbst und müssen sich nicht an jemand anderen wenden, um ihn um

Hilfe zu bitten. Sie brauchen nicht beständig einen „Nachhilfelehrer“ an ihrer Seite.

Wenn Menschen etwas misslingt, so fragen sie sich, was sie brauchen, um diese Niederlage zu überwinden. In dieser Not steckt der Same des Erfolgs. Jeder Fehler, den Sie begangen haben, enthält eine Lektion - er weist Ihnen den Weg, welchen Schritt Sie als Nächstes tun müssen. So sollten Sie die Dinge betrachten. In gewisser Hinsicht gibt es nichts Erschreckenderes als eine Erfolgssträhne nach der anderen. Denn jeder Erfolg trägt in sich den Samen der Niederlage, obgleich die Menschen dies meist gar nicht merken, solange alles gut läuft. Sie mögen es nicht gleich bemerken, doch es kommt immer wieder vor, dass man fünf oder zehn Jahre später zurückblickt und sagt: „Die Samen der Niederlage zeigten sich damals schon.“

Obgleich also Erfolg eine wundervolle Erfahrung ist, kann er auch Angst machen. Erfolg überlagert alles andere und verhindert, dass wir die Samen der Niederlage und andere Fehler erkennen. Wann immer Sie eine Niederlage irgendeiner Art erleben, können Sie fast sicher sein, dass die Samen der Niederlage bereits gelegt waren, als noch alles reibungslos zu laufen schien - nur Sie selbst hatten es damals noch nicht bemerkt. Ich wünsche mir, dass Sie diesen Aspekt in Zukunft berücksichtigen werden.

Ich möchte Ihnen ein Beispiel nennen. Viele Politiker träumen wahrscheinlich davon, eines Tages Präsident oder Premierminister zu werden. Doch sollte ihr Traum tatsächlich in Erfüllung gehen, so würden sie eines Morgens erwachen und feststellen, dass die Zeitungen sie kritisieren und ihren Rücktritt fordern. Das kann für sie unerträglich werden.

Da Sie noch niemals selbst in dieser Position gewesen sind, können Sie dies wahrscheinlich nur schwer nachempfinden. Versuchen Sie jedoch einmal, sich vorzustellen, dies würde Ihnen passieren. Stellen Sie sich vor, dass auf der Titelseite jeder Zeitung, ganz gleich, welche Sie zur Hand nehmen, immer ein Artikel stünde, in welchem Sie beschimpft werden. Manchmal wären Sie sogar in den Hauptschlagzeilen. Wenn Sie dann den Fernseher einschalten würden, wäre die Situation nicht besser - auch dort würden die Menschen Sie nur kritisieren. Wenn Sie eine Wochenzeitschrift aufschlagen würden, würden Sie auch nichts anderes vorfinden. Sie werden es schockierend finden und sich fragen: „Warum gibt es so viele herzlose Menschen auf der Welt? Haben sie nichts Besseres zu tun, als andere zu beschimpfen? Warum verdienen sich so viele Menschen ihren Lebensunterhalt damit, nichts weiter zu tun, als andere zu kritisieren?"

Doch dies ist der Preis des Erfolges. Falls Sie über Nacht ohne die notwendige Vorbereitung unerwartet Präsident oder Premierminister werden würden, würde genau dies passieren. Viele Politiker mögen die Hoffnung hegen, eines Tages Präsident zu werden. Doch meist ist es besser, sie werden es nicht. Sie werden merken, dass sie glücklicher sind, wenn sie nicht Präsident sind, weil sie dann nicht ständig Kommentare über alles ernten, was sie tun, und frei agieren können. Sobald Sie Mitglied des Kabinetts sind, werden Sie zu Ihrer Überraschung feststellen, dass die Menschen anfangen, Sie wegen Nichtigkeiten zu kritisieren, und sich darüber wundern. Wenn Sie jedoch Präsident wären, wäre es noch viel, viel schlimmer.

Was Sie tun müssen, ist Folgendes: Sie müssen das Bild, das Sie von sich selbst haben, ändern. Sie werden sich vielleicht wundern, weshalb die Meinung der Menschen sich Ihnen gegenüber derart gravierend ändern sollte, da Sie doch immer noch die gleiche Person sind - doch genau das ist das Problem. Sie müssen sich entsprechend der Position verändern, die Sie gerade einnehmen. Wer nicht imstande ist, seine eigene Zukunft vorherzusehen, wird später leiden, wenn er feststellt, dass er sich zu spät darauf vorbereitet hat.

Für Politiker müsste es das größte Glück sein, Präsident zu werden, da dann ihre Träume Wirklichkeit geworden sind. Doch genau in dem Moment, da sie bereit sind zu genießen, was sie erlangt haben, stellen sie fest, dass ihr Traum sich in ein Nagelbrett verwandelt hat - dass ihr größtes Glück zu ihrem größten Unglück geworden ist. Sie können nicht verstehen, weshalb. Während sie Erfolg erlangt haben und in der Gesellschaft aufgestiegen sind, wurden bereits die Samen für eine potenzielle Niederlage gelegt, doch viele Menschen erkennen das gar nicht. Während Sie auf der Erfolgswelle reiten, kann es sein, dass Sie sich bei dem Gedanken ertappen: „Ich bin ein ganz normaler Mensch, doch ich habe es geschafft, relativ weit zu kommen. Ich bin in meinem Leben sehr erfolgreich geworden." Doch schon indem Sie sich selbst als ganz normalen Menschen betrachten, säen Sie bereits die Saat für künftiges Unglück.

Ich sage dies aus dem Grund, weil man, sobald man die Erfolgsleiter emporklettert, kein normaler Mensch mehr bleibt. Mit jeder Stufe, die man weiter nach oben steigt, muss man besser werden als der Normalbürger. Und um ein besserer Mensch zu werden, braucht man mehr Wissen, mehr Einblicke und mehr Erfahrung. Nicht nur das. Es hat keinen Sinn, sich ausschließlich darauf zu konzentrieren, wie man sich selbst sieht. Sie müssen sich auch fragen, wie Ihre Mitmenschen Sie wahrnehmen. Wären Sie beispielsweise Politiker, so müssten Sie darüber nachdenken, wie andere Politiker, die Medien und die allgemeine Öffentlichkeit Sie sehen.

In ähnlicher Weise müssen Sie Weitblick entwickeln. Es ist beispielsweise nicht gut, wenn Sie nur an Ihre Wähler in Ihrem Heimatwahlbezirk denken. Sie müssen Ihren Wahrnehmungshorizont erweitern und auch die Meinungen der Menschen berücksichtigen, die in anderen Regionen wohnen. Wenn es Ihnen nicht gelingt, eine offenere Sichtweise einzunehmen, werden Sie unter dem Druck nicht leben können und sich von Tag zu Tag unglücklicher fühlen.

Ein Tipp, damit Erfolg von Dauer ist

Ich habe das Beispiel mit dem Politiker gewählt, da es für jedermann leicht nachzuvollziehen ist, doch das Gleiche gilt für den Leiter eines Unternehmens, für einen Lehrer oder jeden anderen Menschen auch. Die Menschen hoffen auf Erfolg. Dies bedeutet, dass sie hoffen, erfolgreicher zu sein, als sie es gerade sind, und von ihrem derzeitigen Standpunkt aus die Erfolgsleiter eine oder zwei Stufen weiter hinaufzusteigen.

Sind sie jedoch erfolgreich, so werden sie merken, dass der Erfolg eine schwere Last mit sich bringt. Während sie glauben, noch der gleiche Mensch zu sein, werden andere sie kritisch betrachten. Die Gegenwart ist natürlich nur eine Fortsetzung der Vergangenheit des Betreffenden. Doch jedes Mal, wenn man eine Hürde überwunden hat, ist man nicht mehr der gleiche Mensch, der man vorher war. Wer dies nicht erkennt, wer nicht begreift, dass er sein „altes Selbst" abstreifen muss, wird zu spüren bekommen, dass Erfolg zur Quelle von Unglück wird.

Viele Menschen, die für ein Unternehmen arbeiten, träumen wahrscheinlich davon, eines Tages dort Chef zu werden. Doch in einem Unternehmen, in dem 10.000 Menschen oder noch mehr angestellt sind, wird nicht einmal einer von Tausend zum Chef ernannt werden. In vielen Fällen können die Menschen glücklicher werden, wenn sie nicht Präsident werden. Doch sie erkennen dies nicht und trauern über ihr Unglück, dass sie ihr Ziel nicht erreicht haben. Wird jemand anders zum Unternehmensleiter gekürt, so leiden sie unter nagenden Neidgefühlen. Sie fragen sich, warum andere so viel Glück haben. Sie werden behaupten, sie seien unglücklich, weil sie nicht selbst Geschäftsleiter werden konnten, doch sie sollten sich bewusst werden, dass es ihnen unter Umständen viel mehr Unglück beschert hätte, wenn sie es bis an die Spitze geschafft hätten.

Damals, zu der Zeit, als die japanische Wirtschaft geboomt hat, genügte es, wenn ein Unternehmensleiter an seinem Schreibtisch saß und als der Repräsentant seines Unternehmens fungierte. Jetzt, zur Zeit der Wirtschaftsflaute, der Stagnation und der Deflation, ist das Leben für die Menschen, die eine verantwortungsvolle Position in einem Unternehmen einnehmen, extrem hart geworden. Während die Arbeiter nachts sorglos schlafen können, liegt der Unternehmensleiter die ganze Nacht über wach und macht kein Auge zu. Die Menschen beneideten früher die hochrangigen Beamten, die im Alter von 50 Jahren schon in den Ruhestand gehen und Aufsichtsrat bei zahlreichen Firmen werden konnten, von welchen sie dann jeweils nach dem Ausscheiden eine hohe Pension bekamen. Wenn diese Männer jedoch heute in die Privatindustrie abwandern, stellen sie oft fest, dass sich die Dinge anders verhalten, als sie es sich vorgestellt hatten.

Die Tage, als der Top-Manager eines Unternehmens nur Leitfigur war, sind längst vorbei. Heute müssen Manager im Umgang mit den komplexen Strukturen der neuen Geschäftswelt versiert sein, oder sie werden nicht imstande sein, die richtigen Entscheidungen zu treffen, und leiden unter enormem Stress. Um die richtigen Entscheidungen zu fällen, ist es erforderlich, dass man zunächst mehrere Jahre in einem Unternehmen angestellt war. Daher ist das für jemanden, der als Externer in einen Betrieb kommt, schwierig. Aus diesem Grund schnellt in Japan plötzlich die Zahl der Selbstmorde bei Menschen deutlich in die Höhe, die nach einer Schreibtischkarriere in eine neue Firma gewechselt haben, also bei Menschen, die erwartet haben, dass ihre neue Karriere ihnen ein einfaches Leben bescheren würde. Viele wundern sich, warum sich Mitglieder der obersten Führungsriegen der Industrie das Leben nehmen, doch meist resultiert dies aus deren Unfähigkeit, ihre Probleme am Arbeitsplatz zu lösen.

In den Industrieländern geht die Gesellschaft heutzutage gegen die Manager hart ins Gericht - sie werden für ihre Fehler und für Dinge kritisiert, die die Gesellschaft untragbar findet. Die Manager fragen sich, warum das so ist, und sagen: „Ich bin doch nach wie vor derselbe Mensch.“ Während sie die Leiter des Erfolgs erklommen, freuten sie sich vielleicht auf ein lockeres Leben, doch in Wirklichkeit mussten sie erkennen, dass ihr Traum sich in einen Albtraum verwandelt hat - ein erschreckendes Schicksal.

Unsere Sorgen sind die Samen unseres Wachstums

Während die Menschen die Leiter des Erfolgs emporklettern, erkennen sie oft nicht, dass sie zugleich die Saat ihrer eigenen Niederlage säen. Durch Erfolg werden die Menschen oft stolz, und sie hören nicht mehr auf die Ratschläge von Mitmenschen aus ihrem Umfeld. Unter diesem Aspekt könnte man Menschen mit Fehlern, die sich ihrer eigenen Unzulänglichkeiten beständig bewusst sind, als „Glückspilze“ bezeichnen.

Wie lautet gleich das Sprichwort: „Knarrende Karren fahren am längsten.“ Wer unter einer körperlichen Beeinträchtigung leidet, wird auf seine Gesundheit achten und lange leben, während diejenigen, die pausenlos und rund um die Uhr arbeiten, diejenigen sein werden, die es im besten Alter ereilt. Umgekehrt werden Menschen, die an einer bestimmten Schwäche leiden und sich dessen bewusst sind, sich niemals überstrapazieren, wenn sie ein Alter von 30, 40 oder sogar 50 Jahren erreicht haben, und es wird noch Raum für persönliche Weiterentwicklung geben.

Einige Aspekte Ihrer Persönlichkeit mögen Ihnen Sorgen bereiten, doch es ist besser, diese als Samen für Ihr Wachstum zu betrachten, die Ihnen dabei helfen werden, sich weiterzuentwickeln. Leiden Sie beispielsweise immer noch unter einem Minderwertigkeitskomplex in Bezug auf Ihre Intelligenz, wenn Sie ein Alter von 60 oder 70 Jahren erreicht haben, so sollten Sie sich glücklich schätzen. Viele Menschen haben lange vorher schon resigniert, was ihre eigene Person betrifft. Wenn jemand im Alter von 60 oder 70 Jahren immer noch einen Komplex hat und denkt: „Ich muss mehr lernen", „Ich muss mich weiterentwickeln" oder „Ich muss mehr nachdenken", so bedeutet das, dass diese Person außergewöhnlich ist. Es bedeutet, dass sie nicht mit sich selbst zufrieden ist und dass noch Raum für persönliche Weiterentwicklung besteht.

In dem Maße, wie Menschen dazulernen und Erfahrungen sammeln, werden sie erkennen, dass gerade in schwierigen Situationen diverse Samen für Erfolg oder Wachstum zu finden sind. Ein junger Mensch mag beispielsweise körperlich stark sein und viel Einfühlungsvermögen besitzen. Er kann jedoch insofern benachteiligt sein, als es ihm an Wissen und Erfahrung mangelt. Wenn dieser Mensch älter wird, gibt es kein Entrinnen mehr von der Tatsache, dass er körperlich schwächer wird und seine Sensibilität abstumpft. Er wird eine dickere Haut bekommen und weniger sensibel sein. Er wird die Körperkraft und das Feingefühl seiner Jugend einbüßen - doch er wird stattdessen über mehr Weisheit und einen reicheren Erfahrungsschatz verfügen.

Die Stärken des Menschen werden mit zunehmendem Alter durch ihr Gegenteil ersetzt. In jungen Jahren neigen Sie vielleicht dazu, sich über die Maßen zu verausgaben, ohne gesundheitliche Auswirkungen davon zu erleiden. Haben Sie jedoch einmal die 40 überschritten, wird das nicht mehr möglich sein. Sie werden zum Ausgleich Wege finden müssen, um kontinuierlich arbeiten zu können, ohne sich selbst überzustrapazieren, und dies erfordert Wissen und Erfahrung. Wenn Sie merken, dass Ihr Fingerspitzengefühl schwindet, das sie zu Jugendzeiten hatten, müssen Sie versuchen, Aufgaben zu delegieren und sich auf die Ideen jüngerer Mitarbeiter zu verlassen.

Es ist wichtig, dass Sie altersentsprechend denken. Meist werden Sie feststellen, dass Sie künftig genau die Ihren derzeitigen Fähigkeiten entgegengesetzten Eigenschaften fördern und weiterentwickeln müssen, da Sie just diese in Zukunft benötigen werden. Jemand, der auf seine körperliche Stärke stolz ist, wird sich mit der Zeit auf Fähigkeiten verlegen, die gar nichts mit Stärke zu tun haben, wie etwa auf den Intellekt oder auf praktische Erfahrungen.

Sie sollten sich auch der Tatsache bewusst sein, dass mit zunehmender Stärkung des Intellekts Ihre Willenskraft nachlässt. Sie mögen es für positiv halten, intellektuell zu sein und ein umfangreiches Wissen zu besitzen, doch Sie werden feststellen, dass Sie willensschwach werden, wenn Sie zu viel Wissen besitzen. Unter Umständen wird es Ihnen an Mut fehlen, Sie werden unentschlossen und infolgedessen nicht imstande sein, positiv zu handeln oder die richtigen Schlussfolgerungen zu ziehen, beziehungsweise in vielen Situationen nicht wissen, wie Sie weitermachen sollen. Wer einen Hang zum Intellektuellen hat, neigt dazu, relativ willensschwach zu sein, so dass er sich bemühen muss, seinen Willen auf positive Weise zu stärken.

Auch das Gegenteil trifft zu. Willensstarke Menschen neigen oft zu Sturheit. Sie wollen nicht auf die Meinung anderer hören und lassen sich nicht davon abbringen, Dinge nach ihrem eigenen Gutdünken zu tun. Ein starker Wille kann eine Tugend oder ein Laster sein. Daher ist es hier wichtig, die intellektuellen Fähigkeiten zu stärken, um die Schwachstellen auszugleichen. Wer dies nicht tut, kann keine persönliche Weiterentwicklung erwarten. Obgleich man die charakterlichen Aspekte, die zum

Erfolg eines Menschen beitragen, grundsätzlich als Stärken einstuft, muss man dennoch auch das andere Extrem betrachten, um die Faktoren zu entdecken, die kontinuierliche Erfolge möglich machen. Außerdem ist es wichtig, sich stets der Tatsache bewusst zu sein, dass die Samen für die Erfolge von morgen oft im extremen Gegenteil der Stärken eines Menschen zu finden sind.

Menschen, die sich in Sachen Religion engagieren, neigen zur Spiritualität. In der anderen Welt gibt es natürlich nur das Herz und die Gedanken beziehungsweise das, was wir „Seele" nennen. Es gibt nichts Materielles. Daher ist es nicht falsch, spirituell angehaucht zu sein. Es ist richtig, dass wir nichts Materielles in die nächste Welt mitnehmen können. Doch wer zu spirituell oder zu idealistisch ist, wird in dieser Welt die Erfahrung machen, dass er oft über die Gegebenheiten in dieser Welt stolpert. Bemühen sich solche Menschen darum, mehr weltliches Wissen zu sammeln und verschiedene Meinungen anzuhören, und lernen sie, rationaler zu denken, werden sie merken, dass dies einen positiven Effekt auf ihr Leben hat.

Andererseits werden Menschen, die immer nur logisch denken und alles ablehnen, was nicht rational ist, feststellen, dass diese Haltung oft zu Konflikten mit anderen führt. Solche Menschen müssen ihre Sensibilität für das Mystische erhöhen. Sobald sie Interesse an spirituellen Dingen zeigen, an die sie früher nie geglaubt haben, und ihre Herzen öffnen, werden sie imstande sein, eine andere Sichtweise einzunehmen, und sie werden feststellen, dass sich ihre Beziehungen zu ihren Mitmenschen verbessern.

Sich im Leben weiterzuentwickeln, ist in gewisser Weise eine Reise mit dem Ziel der Entfaltung des eigenen Selbst. Ich bin mir sicher, dass Sie, während Sie sich Ihren eigenen Weg gebahnt haben, indem Sie Ihre persönlichen Stärken eingesetzt haben, zugleich auch Probleme infolge Ihrer Unzulänglichkeiten erfahren haben. Doch wenn Sie vorankommen und die nächste Stufe Ihres spirituellen Wachstums erreichen möchten, müssen Sie bei Ihren gegenwärtigen Mankos die Samen für Ihre künftige Stärke suchen. Gleichzeitig müssen Sie auch verstehen, dass Ihre gegenwärtigen Stärken Fallen beinhalten, die Ihnen in Zukunft Ihren Absturz bescheren könnten, denn sonst wird es Ihnen schwerfallen, höhere Stufen des Bewusstseins zu erlangen.

Niemand erkennt die Kraft der Gedanken - wie es ist, wenn man sein Denken beständig vertieft -, bevor man sie nicht selbst erfahren hat. Man kann von einem Tag auf den anderen leben, ohne besondere Gedanken zu hegen. Doch je intensiver und aufmerksamer Sie Dinge durchdenken und neue Ideen entwickeln, desto mehr werden Sie erkennen, welche Kraft dies mit sich bringen kann. An dieser Stelle liegt ein Vergleich mit den Kampfkünsten nahe - je intensiver man trainiert, desto stärker wird man.

3
Das Leben ist eine Selbstentdeckungsreise

Es gibt zwei Ziele im Leben

Wenn ich über die Ziele im Leben nachdenke, würde ich sagen, dass das oberste Ziel eine Selbstentdeckungsreise ist. Allein die Tatsache, dass Sie mit einem einzigartigen Charakter geboren sind, sollte Ihnen schon sagen, dass Sie danach streben sollten, Ihr eigenes Selbst zu entdecken, dass Sie Ihr Wesen ergründen und sich fragen sollten, warum Sie mit dem Charakter geboren wurden, den Sie besitzen. Sie sollten sich diese Frage stellen und die Antwort in Bezug auf Ihr Leben finden, das Ihnen geschenkt wurde. Niemand kann diese Reise zur Selbsterforschung und Selbstentdeckung umgehen.

Das andere Ziel im Leben betrifft die Art und Weise, wie wir mit unseren Mitmenschen interagieren – das heißt, wir sollten in Erfahrung bringen, welche Rolle wir in Beziehungen zu anderen Menschen und in der Gesellschaft allgemein spielen können. Es geht darum, durch die Interaktionen mit den anderen mehr über uns selbst in Erfahrung zu bringen und die Bedeutung des Lebens daran zu erkennen, wie wir uns gegenseitig beeinflussen. Dies sind die beiden Hauptziele im Leben.

Wenn es niemand anderen gäbe, wenn Sie nur ganz für sich allein leben würden, wäre es sehr schwierig, etwas über Sie selbst in Erfahrung zu bringen. Nur wenn Sie von vielen Menschen umgeben sind, die verschiedene Vorstellungen und Denkweisen haben - solche, die Ihnen entsprechen, und solche, die Sie ablehnen -, können Sie mehr über sich selbst in Erfahrung bringen. Nur wenn Sie die Unterschiede kennen, die unter den Menschen herrschen, können Sie feststellen, ob Ihre Gedanken von Vorurteilen geprägt oder ausgewogen sind.

Andere Menschen verhalten sich nicht immer so, wie Sie es sich wünschen würden. Doch die Tatsache, dass es alle möglichen unterschiedlichen Menschentypen gibt, lehrt Sie viel über sich selbst, und dafür sollte man dankbar sein, gerade auch unter diesem Gesichtspunkt. Manchmal kann man nur schwer glauben, dass es manche Menschen, welchen man begegnet, wirklich gibt, und man ist fasziniert von solchen Persönlichkeiten und deren Art zu denken. Doch es ist unerlässlich, dass Menschen mit einer solchen Bandbreite an Talenten und Persönlichkeitsstrukturen wirklich existieren, damit Sie diese quasi als Spiegel benutzen und sich selbst in all Ihren Facetten erkennen können. Aus diesem Grund leben die Menschen in Gemeinschaften. Wäre niemand in Ihrem Umfeld, würden Sie nichts über sich selbst lernen.

Aus exakt diesem Grund hat das höchste Wesen, Gott oder Buddha, die Welt erschaffen. Indem er eine Welt mit Wechselbeziehungen erschaffen hat, eine Welt, in der die Menschen sich durch die Interaktion mit anderen Menschen perfektionieren können, vertieft Gott die Selbsterkenntnis durch eine breite Palette an Möglichkeiten.

Die Welt aus der Sicht Gottes

Wenn Sie Ihr religiöses Bewusstsein vertiefen, werden Sie auf eine interessante Tatsache stoßen. Sie werden erkennen, dass Sie mit der Zeit eine immer stärkere Wahrnehmung sowohl der Unterschiede als auch der Gemeinsamkeiten, die in der Welt existieren, entwickeln.

Mit dem Voranschreiten Ihrer spirituellen Entwicklung werden Sie auch entdecken, dass Sie imstande sind, die Unterschiede zwischen den Menschen sowie deren Fähigkeiten mit Leichtigkeit zu erkennen. Die Unterschiede hinsichtlich ihrer Fähigkeiten, angeborene Unterschiede, Unterschiede in ihrem Wesen, die verschiedenen Stufen, in welchen sie ihr wahres Wesen manifestieren - all dies kennzeichnet jeden Einzelnen von uns. Sie werden merken, dass es für Sie zunehmend leichter erkennbar wird, auf welcher Stufe die anderen gerade stehen. Dies bezeichnet man als „Wahrnehmung der Unterschiede".

Zugleich werden Sie feststellen, dass sich parallel dazu auch Ihre Wahrnehmung der Gemeinsamkeiten verschärft, das heißt, Sie werden erkennen, dass all diese Unterschiede trotz der Vielfalt an Menschen, die es gibt, unter einem bestimmten Blickwinkel miteinander vereinbar und dass alle Menschen gleich sind. Sie werden erkennen, dass alle Lebewesen gleichwertig sind, mögen sie noch so unterschiedlich sein.

Alle anderen Lebensformen, Tiere und Pflanzen, besitzen ganz offensichtlich ebenfalls eine strahlende Lebenskraft. Sie werden erkennen, dass diese, wie wir Menschen auch, ihren individuellen spirituellen Entwicklungsprozess durchlaufen. Dies ist eine unbeschreiblich mystische Erkenntnis. Sie werden imstande sein, die Gedanken der Pflanzen und Tiere zu verstehen. Sie alle leben in ihren eigenen Gemeinschaften und durchleben einen spirituellen Entwicklungsprozess. Tiere gründen Familien und kämpfen darum, genügend Nahrung zu finden. Vielleicht wird eines von ihnen eine führende Rolle als Leittier einnehmen, während andere die Rolle der Versorger übernehmen. Sie werden dies erkennen und verstehen, dass alles Leben gleichberechtigt ist.

Wenn diese beiden widersprüchlichen Sichtweisen - die Wahrnehmung der Unterschiede und der Gemeinsamkeiten - miteinander verschmelzen, werden Sie imstande sein, die Dinge mit den Augen Buddhas, mit den Augen Gottes, zu sehen. Gott betrachtet die Dinge stets von beiden Seiten - mit großem Einfühlungsvermögen. Wenn Sie die Fähigkeit erlangt haben, die Dinge aus einem solch großen Blickwinkel heraus zu betrachten, werden Sie imstande sein, den ganzen Schmerz und das Leid aller Lebewesen zu erkennen. Zugleich werden Sie jedoch auch deren tapfere Bemühungen sehen, die sie unternehmen, um zu überleben. Von der kleinsten Kreatur bis hin zu den hochentwickelten Menschen müssen sie alle ihren Anteil an Schmerz und Leid ertragen - doch sie alle entsenden Licht, während sie ihr Leben gemeinsam auf dieser Erde verbringen.

Diese Szenerie erscheint traurig, und doch erwärmt sie zugleich das Herz. Alle scheinen von Traurigkeit belastet zu sein, und doch scheinen sie zugleich auch zu strahlen und von Hoffnung erfüllt zu sein. Solange Sie diese beiden Betrachtungsweisen dieser Welt nicht verinnerlicht haben, können Sie nicht behaupten, die Welt der Erleuchtung betreten zu haben. Während des Prozesses, in dem die Menschen in die Welt der Erleuchtung eintreten, stellen sie manchmal fest, dass sich entweder ihre Wahrnehmungsfähigkeit für die Unterschiede oder aber ihre Wahrnehmung der Gemeinsamkeiten extrem verschärft. Doch während Sie diese Wahrnehmungsfähigkeiten verschärfen, müssen sie diese auch überwinden.

Der strukturelle Prozess der Vereinigung dieser sich widersprechenden Elemente beinhaltet im Übrigen viele der Stufen der Erleuchtung. Dies ist der Grund dafür, weshalb diese Welt nicht in sich selbst rund und perfekt ist, sondern sich noch in die „reale Welt“ hinein erstreckt.

4
Die Veränderung Ihrer Selbstwahrnehmung ist ein Erfolg für Ihre Seele

Wenn Sie Ihre Grenzen sprengen

Es lässt sich nicht leugnen, dass das Leben voller Sorgen und Schmerz ist. Doch in Wirklichkeit sollten Sie für diese Schwierigkeiten dankbar sein. Es ist wichtig, diese wertschätzen zu lernen. Wenn Sie überhaupt keine Sorgen haben, bedeutet dies, dass Sie keinerlei Möglichkeit zur Weiterentwicklung haben. Unter den Sorgen, mit welchen Sie konfrontiert sind, gibt es zweifellos einige, für die es keine Lösung gibt. Doch Sie müssen erkennen, dass diese in sich die Möglichkeit für unendliche Weiterentwicklung bergen.

Es besteht keine Notwendigkeit, über die Tatsache zu jammern, dass Ihr Leben aus einer Ansammlung von Niederlagen besteht, denn jede Niederlage trägt stets in sich den Samen für die nächste Schöpfung - den Samen für zukünftiges Wachstum. Die Veränderung, Erweiterung und Entwicklung Ihrer Selbstwahrnehmung stellen das Wachstum Ihrer Seele dar. Diese Veränderung der Art und Weise, wie Sie sich selbst sehen, ist für Ihre Seele in der Tat ein großer Erfolg. Um diese Transformation zu erreichen, werden Sie in diese Welt geboren, nehmen eine physische Form an und leben einige Jahrzehnte lang, bis Sie alt sind und sterben. Es ist wichtig, dass Sie erkennen, dass eine veränderte Selbstwahrnehmung eine essenzielle Voraussetzung für Ihre Erleuchtung ist.

Ich persönlich habe im Hinblick auf die Art und Weise, wie ich mich selbst sehe, mehrere Transformationen durchgemacht. Im Jahr 1985 begann ich, eine Buchreihe mit spirituellen Botschaften zu veröffentlichen. Ich erinnere mich noch gut daran, dass ich, nachdem ich drei Bücher veröffentlicht hatte, dachte, dies sei genug und meine Mission sei erfüllt. Ich sagte mir: „Ich habe die Wahrheit verkündet. Das reicht, um meine Inkarnation in dieser Welt zu rechtfertigen. Wenn ich morgen sterben sollte, so hätte ich mein Werk getan, meine Mission erfüllt. Ich habe die Menschen über die Existenz der geistigen Welt und die geistigen Wesen, die in der anderen Welt leben, aufgeklärt. Für mich bleibt nichts mehr zu tun." So dachte ich und war zufrieden mit dem, was ich erreicht hatte. Ich hätte mir nie träumen lassen, dass ich weiterhin so engagiert bleiben würde, wie ich es bin - und ich bin damit noch nicht am Ziel angelangt. Erst wenn ich dieses Ziel erreicht habe, wird sich meine nächste Aufgabe präsentieren. Heute weiß ich, dass es eine endlose Aufgabe ist ...

Auch wenn Sie glauben, Ihre Grenzen bereits erreicht zu haben, werden Sie feststellen, dass sich bald neue Grenzen auftun werden. Es ist seltsam, doch sobald Sie einmal Ihre Grenzen erkannt haben, werden Sie merken, dass Sie diese überwinden können. Sie sagen sich vielleicht: „Dies ist das Maximum meiner Möglichkeiten, mehr kann ich nicht erreichen. Ich habe schon mehrmals Fehler gemacht und kann mir keine neuen mehr leisten." Doch normalerweise werden Sie schon bald, nachdem Sie dies gedacht haben, merken, dass Sie genau diese Grenzen überwunden haben. Das bedeutet, dass Sie Ihre Grenzen erst dann überwinden können, wenn Sie diese erreicht haben. Wenn Sie gegen eine Mauer laufen, leiden

Sie zunächst. Dann versuchen Sie, andere Wege oder neue Ideen zu finden, um eine Schwierigkeit zu überwinden - und dabei finden Sie einen Ausweg.

Nachdem ich drei Bücher veröffentlicht hatte, dachte ich, meine Arbeit sei beendet, doch das glaubte ich seitdem jedes Jahr aufs Neue. Selbst wenn ich das Gefühl habe, alles Wissenswerte mitgeteilt zu haben, was es gibt, kommen seltsamerweise immer wieder neue Themen auf. Der Grund dafür liegt darin, dass die Reaktion der Menschen, die meine Lehren erreichen, anders ausfällt als in der Vergangenheit. Infolge der zahlreichen direkten und indirekten Reaktionen der Menschen auf meine Arbeit verändere ich mich persönlich immer weiter.

Als ich 30 Jahre alt war, vertraute ich auf meine körperlichen und intellektuellen Fähigkeiten und dachte: „Ich bin körperlich stark und ein Schnelldenker. Ich weiß alles und kann jede Frage beantworten." Doch dann stieß ich immer öfter auf Dinge, die ich nicht verstand, und wurde zurückhaltender ...

Der Grund hierfür lag darin, dass ich es im Laufe der Zeit mit anderen Menschen zu tun bekam. Als ich Happy Science gründete, interessierte sich der harte Kern der Menschen, die sich um mich sammelten, vornehmlich für spirituelle Themen aller Art. Ich musste lediglich deren Bedürfnissen in dieser Hinsicht entsprechen. Sie waren recht grundlegender Natur, und es reichte völlig aus, wenn ich diese erfüllen konnte. Doch als Happy Science in der Gesellschaft allmählich Anerkennung fand und die Zahl derer, die bei uns ihre Studien aufnahmen, wuchs, begannen sich die verschiedensten Menschen dafür zu interessieren. Es kamen auch immer mehr Menschen aus dem Ausland hinzu.

Je mehr Menschen meine Bücher lasen und meine Vorträge besuchten, desto mehr musste ich auf eine stetig größer werdende Vielfalt an Menschen reagieren. Während ich auf ihre Reaktionen einging, wurde mir immer klarer, wie viel ich eigentlich nicht wusste. Als ich mir die große Bandbreite an Menschen ansah, die begonnen hatte, bei Happy Science zu studieren, begann das Gewicht meiner Unwissenheit schwer auf mir zu lasten, und ich fühlte mich recht unwohl.

Obgleich ich geglaubt hatte, genügend Wissen zu besitzen und entsprechend erleuchtet zu sein, und obwohl ich körperlich stark war und genügend Willenskraft besaß, begann ich mit den Jahren zu merken, dass ich der Aufgabe nicht gewachsen war, und verlor zusehends an Selbstvertrauen. In dem Moment, als ich das Gefühl hatte, meine Grenzen erreicht zu haben, merkte ich aber auch, dass ich imstande war, mich auf eine höhere Stufe zu entwickeln. Es ist in der Tat ein mysteriöser Prozess.

In dem Maße, wie Sie sich weiterentwickeln, werden Ihre Mankos sichtbar

Es ist nicht leicht, den Prozess, mit dem man die eigenen Grenzen durchbricht, zu erkennen. Doch wenn Sie sich selbst mit anderen vergleichen, wird es deutlich. Im ersten Teil dieses Kapitels sagte ich, dass es am besten ist, wenn Kinder den Erwachsenen Respekt entgegenbringen, auch wenn diese Fehler und Unzulänglichkeiten haben mögen, und dass das Wachstum der Kinder ungehemmt und leicht vonstattengeht, wenn sie nicht auf jenen negativen Seiten beharren, sondern sich den Aspekten zuwenden, die sie bewundern können.

Das Gleiche lässt sich auch über religiöse Vereinigungen sagen. Als ich Happy Science gründete, gab es in Japan noch weitere neue Religionen, die alle bewundernswert erschienen. Sie leisteten großartige Arbeit. Sie hatten zahlreiche Bücher veröffentlicht, sie konnten sich auf große Scharen von Anhängern berufen und hatten soziale Anerkennung gewonnen. Sie waren für uns ein erstrebenswertes Vorbild, und wir wollten so schnell wie möglich mit ihnen gleichziehen. In dem Maße, wie unsere Aktivitäten vorangingen, begann ich jedoch an einigen der anderen Organisationen Schwächen zu entdecken. Bei ihren Lehren fehlte beispielsweise in mancher Hinsicht das eine oder andere, und ihren Anführern mangelte es bei bestimmten Inhalten an Erfahrung und Wissen. In der Tat war dies ungefähr der Zeitpunkt, an dem wir jene anderen Organisationen überholten.

Nachdem ich sie weit überholt hatte, konnte ich klar sehen, wie sie dachten, kannte ihre Verhaltensmuster und ihre Lehren sowie ihre Schwächen und wusste, was sie tun müssten, um ihre Aktivitäten richtig durchzuführen. Als ihr Erfolg für mich noch in weiter Ferne gelegen hat, hatte ich sie nur in ihrem Glanz wahrnehmen können und ihre Mängel nicht bemerkt. Doch als wir sie an Größe übertrafen, wurden ihre Schwächen offensichtlich.

Wenn Sie beginnen, sich der Defizite anderer Menschen bewusst zu werden, kann es sein, dass Sie den Eindruck bekommen, selbst immer kritischer zu werden. Doch es ist Fakt, dass die Fähigkeit eines Menschen, die Fehler oder Grenzen seiner Mitmenschen zu erkennen, in dem Maße wächst, wie sich dessen Bewusstsein höher entwickelt.

So kann es dem Einzelnen auch im Hinblick auf sich selbst ergehen. Wenn Menschen sich ihrer Fehler und Schwächen bewusst werden, dann aus dem Grunde, weil sich bei ihnen gerade eine Wandlung vollzieht. Es ist sehr schwierig, die eigenen Unzulänglichkeiten zu erkennen, wenn man nicht zugleich gerade seine alte Identität abstreift. Menschen, die mit sich selbst zufrieden sind, erkennen im Normalfall ihre eigenen Schwächen nicht oder versuchen, diese zu verbergen, falls sie sich ihrer doch bewusst sind. Sie versuchen, diese zu vertuschen, so dass die anderen sie nicht bemerken, und hoffen, dass ihre starken Seiten diese Unzulänglichkeiten ausgleichen.

Erkennen Sie Ihre eigenen Fehler und Schwächen, so bedeutet das, dass Sie gerade vor einem persönlichen Entwicklungsschub stehen. Menschen, die glauben, nie Fehler zu machen, tun dies in Wirklichkeit recht häufig - sie sind sich dessen nur nicht bewusst. In dem Maße, wie sich Ihre Wahrnehmung verschärft, werden Sie Ihre Fehler bereits im Voraus erkennen und können diese erfolgreich vermeiden. Diese Erfahrung werden Sie mit der Zeit immer häufiger machen.

5

So überlisten Sie Ihr Schicksal

An den Tendenzen Ihrer Seele erkennen Sie auch Ihre persönliche Bestimmung

In diesem Abschnitt möchte ich über unser Schicksal sprechen. Aus meiner langjährigen Erfahrung als religiöser Mensch würde ich auf die Frage, ob es im Leben des Menschen so etwas wie das Schicksal gibt, antworten: „Ja, das gibt es.“ Doch wenn ich dies sage, meine ich damit nicht, dass die Menschen nach einem starr vorgegebenen Muster leben müssen. Die Seelen der Menschen besitzen bestimmte individuelle Neigungen. Wenn man diese eingehend analysiert, ist es möglich, die Richtung vorherzusehen, die der Betreffende in seinem Leben einschlagen wird. In diesem Zusammenhang existiert Schicksal für mich.

Indem man die Tendenzen der Seele eines Menschen nachvollzieht, ist es möglich, zu einem gewissen Grad vorherzusehen, in welchen Punkten er Erfolg haben und in welcher Hinsicht er versagen wird. Es ist möglich vorherzusagen, was mit ihm in fünf, zehn, zwanzig oder mehr Jahren passieren wird. In diesem Sinne gibt es so etwas wie Schicksal. Doch es ist auch möglich, das Schicksal zu überwinden. Wenn Menschen versuchen, ihr gegenwärtiges Selbst abzustreifen und sich persönlich zu verändern, indem sie sich selbst und andere Menschen studieren, die Züge und Tendenzen ihrer eigenen Seelen erkennen und ihre Stärken und Schwächen sorgfältig analysieren, wird sich das, was das Schicksal für sie bereithält, verändern.

Wenn Sie glauben, auf Ihrem Leben läge ein Fluch oder Ihr Los sei so schlecht, dass Sie es umgehen wollen, gibt es nur einen Weg, der herausführt. Sie müssen ein profundes Wissen über die Tendenzen Ihrer Seele erwerben. Haben Sie dies erreicht, so werden Sie imstande sein, Ihre Zukunft vorherzusehen. Sobald Sie wissen, was das Schicksal für Sie bereithält, werden Sie verstehen, was Sie tun müssen, um es zu überwinden. Denn wenn Sie wissen, was Ihnen zustoßen wird, werden Sie imstande sein, es zu vermeiden.

Es ist wichtig, Gefahren zu vermeiden und die Fähigkeiten zu entwickeln, an welchen es Ihnen fehlt. Fördern Sie zukünftige Stärken, die in Ihren Unzulänglichkeiten schlummern, und entdecken Sie die Samen der Niederlagen, die in Ihren vermeintlichen Stärken stecken. Auf diese Weise werden Sie imstande sein, langfristige Erfolge zu erzielen. Obgleich es stimmt, dass es das Schicksal wirklich gibt, ist es möglich, es zu erkennen und zum Besseren zu wenden.

Übertriebene Wünsche und Begierden können zur Zerstörung führen

Darüber hinaus gibt es jedoch auch Schicksalsformen, die man unmöglich abändern kann. Wenn Sie mit solchen konfrontiert werden, kann ich Ihnen nur raten, diese widerstandslos so anzunehmen, wie sie sind. Die Hälfte all unseres Unglücks im Leben ist die Folge von unangemessenen Wünschen und Begierden. Zu den Bestrebungen des Menschen gehört das Verlangen zu wachsen - sonst gäbe es keinen Fortschritt. Doch die Hälfte aller Bedürfnisse des Menschen entspricht nicht seiner Situation. Wenn man sein Schicksal kennt, versteht man auch die eigenen naturgegebenen Talente und Grenzen.

Selbst das Böse hat Schwierigkeiten, Menschen zu bezwingen, die die Grenzen ihrer eigenen Fähigkeiten, Persönlichkeit und körperlichen Stärke kennen. Menschen, die ihre Grenzen und ihren Platz in der Welt kennen, lassen sich nur sehr schwer in die Falle locken. Umgekehrt ist es leicht, jemanden, der seinen Platz in der Welt nicht kennt, in die Knie zu zwingen - man braucht ihm nur eine Falle in den Weg zu stellen. Der Teufel braucht sich in diesem Falle überhaupt keine Gedanken zu machen oder sich in irgendeiner Weise anzustrengen. Er muss nur unmittelbar vor seinen Opfern ein Loch ausheben - und sie werden geradewegs darauf zulaufen und direkt hineinfallen. Dies passiert den Menschen, die schlichtweg glauben, sie besäßen unendliche Möglichkeiten.

Im Grunde ist das Potenzial der Menschen unerschöpflich. Doch da ihre Seelen bestimmte Neigungen haben, haben sie ihre persönlichen Grenzen. Wie ich bereits erklärt habe, muss man seine eigenen Stärken und Schwächen sowie die der Menschen im eigenen persönlichen Umfeld betrachten, um diese Einschränkungen zu überwinden, und dabei zugleich immer sich selbst mit den anderen vergleichen und das Leben studieren. Geraten Sie an eine Grenze, die für Sie unüberwindlich ist, so sollten Sie diese einfach als Hinweis betrachten, in welche Richtung Sie Ihre Wünsche künftig kontrollieren sollten. Wer erkennt, dass unangemessener Erfolg den eigenen Misserfolg nach sich ziehen kann, wird niemals große Niederlagen erleiden.

Übertriebene Wünsche und Begierden bezeichnet man als „Anhaftungen“. Glück kann man nur erlangen, wenn man sich von seinen Anhaftungen löst. Dies ist ein Pfad zum Glück, der jedem offen steht. Man kann mit großer Sicherheit davon ausgehen, dass etwa die Hälfte aller Wünsche und Bedürfnisse, die die Menschen haben, übertrieben sind.

Im zweiten Teil dieses Kapitels stellte ich die These auf, dass die meisten Politiker glücklicher wären, wenn sie nicht zum Präsidenten gewählt würden, und dass sie, wenn sie unerwartet in diese Position gelangen sollten, feststellen müssten, dass dies ihnen nur Unglück bereitet. Das Gleiche trifft auf jeden anderen Menschen ebenfalls zu. In vielen Fällen sind die Menschen glücklicher, wenn sie niemals erreichen, was sie sich wünschen. Manche Menschen sind beispielsweise unfähig, einen Haushalt richtig zu führen, finden jedoch ihr Glück in einer beruflichen Karriere. Es gibt Menschen, die darüber unglücklich sind, weil ihre Kinder nicht besonders schlau sind, während es zugleich auch Elternpaare gibt, deren Kinder so klug sind, dass sie mit ihnen nicht mehr über die gleichen Themen reden können. Daher ist das Leben begrenzt und unbegrenzt zugleich - es gibt Grenzen und zugleich auch keine.

Betrachten Sie sich durch die Augen Ihrer Mitmenschen

Eines Tages war ich auf dem Heimweg. Als ich an dem Gemüseladen bei mir um die Ecke vorbeikam, kam das Ehepaar heraus, das ihn betrieb, und grüßte mich. Sie waren sehr höflich und machten den Eindruck, als würde ihr Geschäft florieren. Als ich einen Blick auf das Ladenschild warf, sah ich, dass es das Symbol einer bestimmten religiösen Gruppierung trug. Daher nahm ich an, dass sie Anhänger dieser Religion waren.

Ich war über ihre Freundlichkeit erstaunt - waren sie doch geradewegs aus dem Geschäft gelaufen gekommen. Doch sie sind zu teuer, sodass ich nichts gekauft habe.

Dem Ladenbesitzer und seiner Frau schien es gut zu gehen. Sie waren demütig, sehr freundlich und arbeiteten hart. Ich vermute, sie betrieben ihr Geschäft nach den Lehren ihrer Religion. Trotz ihrer freundlichen Art waren ihre Preise jedoch tatsächlich zu hoch. Ich erkannte, dass dies in den Lehren der Religion begründet lag, an die sie glaubten.

Ihre Religion lehrt zweifellos, dass Unternehmer stets lächeln und zu ihren Kunden höflich sein sollten, um erfolgreich zu sein, denn diese Einstellung sei das Wichtigste. Doch der Mensch ist ein rational denkendes Wesen, und wenn er sich ein- oder zweimal durch freundliche Worte in den Laden hat hineinlocken lassen, wird er dennoch nicht mehr wiederkommen. Denn gibt es nur wenige hundert Meter weiter in der gleichen Straße einen anderen Laden mit einer guten Auswahl an Produkten zu einem vernünftigen Preis, so werden die Menschen nicht im Laden des Ehepaares einkaufen, nur weil sie freundlich erscheinen. Auch wenn die Kunden womöglich Gelegenheitsartikel einkaufen, werden sie keine Stammkunden werden. Mit großer Wahrscheinlichkeit hat dieser Gemüseladen seitdem nicht expandiert. Bei ihrer Philosophie fehlt es an einigen Dingen zu sehr, als dass sich ihr Geschäft wirklich entwickeln könnte.

Oft schaffen die Menschen die Ursache für ihre eigenen Beschränkungen selbst, doch im Grunde wird diese Beschränkung durch die objektive Einschätzung ihrer Mitmenschen bewirkt. Unüberwindliche Beschränkungen scheinen die Folge weltlicher Wettkämpfe zu sein, doch in Wirklichkeit sind sie das Ergebnis der objektiven Bewertung durch andere. Aus diesem Grund müssen Sie Ihre persönliche Situation nochmals objektiv betrachten, wenn Sie merken, dass Sie trotz aller Bemühungen nicht vorwärtskommen.

Natürlich mögen Sie auch zu der Einsicht gelangen, keine weitere persönliche Entwicklung mehr anzustreben. Wenn Sie damit zufrieden sind, mit Ihrer Frau in einem Gemüseladen zu arbeiten, der über mehrere Generationen hinweg nicht expandiert, so können Sie ein glückliches Leben verbringen. Wenn

Sie mit Ihrer gegenwärtigen Arbeit zufrieden sind und auf anderen Gebieten, wie etwa bei religiösen Aktivitäten, Ihren Sinn im Leben finden, so haben Sie ein wundervolles Leben. Sollten Sie jedoch den Wunsch haben, mit Ihrem Unternehmen zu expandieren und vielleicht eines Tages einen Supermarkt zu eröffnen, dann werden Sie nicht zufrieden sein. Es bleibt jedem Einzelnen überlassen, selbst zu entscheiden, welches Leben er gern führen möchte. Doch wenn Sie das Gefühl haben, dass Sie, obwohl Sie hart arbeiten, nicht auf die nächste Stufe im Leben kommen können, so müssen Sie sich notgedrungen in Ihre Kunden hineinversetzen und über Ihre Situation aus einer anderen Perspektive heraus nachdenken.

Hören Sie niemals auf zu denken

Das Gleiche gilt, wenn es um religiöse Aktivitäten sowie darum geht, diese Lehren an andere weiterzuvermitteln. Unter den Menschen, die bei Happy Science studieren, gibt es einige, die versuchen, diese an andere weiterzuvermitteln - doch leider ohne Erfolg. Sie wundern sich, woran das liegt, denn sie sind überzeugt davon, dass es sich um eine gute Philosophie handelt.

Doch die Menschen mögen denken: „Wenn mich jemand ansprechen würde, der mehr Ausstrahlung hat, würde ich das ja alles gern glauben, aber so jemand ...?“ Und sie demotivieren Sie, indem sie sagen, dass sie mit ihrer persönlichen Situation vollkommen glücklich und zufrieden sind. Wenn Sie also auf eine Mauer stoßen, während Sie die Wahrheit weitertragen, und nicht verstehen können, warum Menschen trotz ihrer offensichtlichen Vorzüge nicht an die Botschaft glauben wollen, die Sie ihnen überbringen, kann es eine gute Idee sein, einen Schritt zurückzutreten und sich selbst mit den Augen der anderen zu betrachten.

Meine Bücher werden von sehr vielen Menschen gelesen, doch es gibt immer noch Menschen, die dies noch nicht getan haben. Es gibt dafür verschiedene Gründe. Vielleicht fühlen sie sich mit einer anderen Glaubensrichtung glücklich und zufrieden, vielleicht glauben sie, glücklich genug zu sein, ohne ein Buch über Religion lesen zu müssen, oder vielleicht glauben sie sogar, dass Religion nur Unglück bringt. Manchmal haben Menschen einfach Vorurteile. Daher müssen Sie überlegen, wie Sie in solch einem Fall Ihre Botschaften vermitteln können.

Bei der religiösen Wahrheit geht es um die Existenz geistiger Wesen und die Existenz der anderen Welt sowie um Gott oder Buddha. Doch es gibt Millionen von Menschen auf der Welt, die behaupten, sie glaubten nicht an solche Dinge. Um diese Welt zu verändern, ist sehr viel Energie nötig. Dies lässt sich nicht einfach so bewerkstelligen. Was man braucht, ist Beharrlichkeit bei einer ganzen Bandbreite an Aktivitäten. Um die Schwierigkeiten zu überwinden und Grenzen zu durchbrechen, muss man das Problem von der anderen Seite betrachten - man muss es aus der Sicht der anderen sehen.

Wann immer es Ihnen nicht gelingt, Ihre eigenen Grenzen zu durchbrechen, sollten Sie den Grund dafür herausfinden. Es ist wichtig, immer wieder darüber nachzudenken, was nötig ist, um erfolgreich zu sein. Während Sie überlegen, werden Sie den nächsten Schritt entdecken, den Sie tun müssen, um weiterzuwachsen.

Happy Science vertritt eine Religion, die viel Raum für künftiges Wachstum bietet. Ich glaube, dass diejenigen, die bei Happy Science studieren und aktiv sind, sich ebenso weiterentwickeln werden wie ich selbst. Es ist mein Wunsch, eine Struktur aufzubauen, die grenzenloses Wachstum fördert. Wenn Sie in diesem Kapitel einen Denkanstoß finden konnten, der Ihr Interesse am Wachstum Ihrer Seele geweckt hat, so macht mich das sehr glücklich.

Zweites Kapitel:

So können Sie Ihre beruflichen Leistungen steigern

1

Leben Sie Ihre Berufung

Können Sie den Sinn Ihres Lebens in Ihrer Arbeit finden?

Ich bin mir sicher, dass sich viele Menschen wünschen, sie wären imstande, ihren Job besser zu verrichten, jedoch feststellen müssen, dass die Dinge nicht so verlaufen, wie sie es gerne hätten, und damit nicht zurechtkommen. In diesem Kapitel möchte ich daher die verschiedenen Möglichkeiten vorstellen, die jeder Einzelne hat, ob Mann oder Frau, ob neu angestellt oder Führungskraft, um seine Effizienz am Arbeitsplatz zu erhöhen.

Es gibt einen einfachen Indikator, eine Art „Lackmus-Test", um herauszufinden, ob Sie in Ihrem Beruf erfolgreich sein werden oder nicht – und zwar, indem Sie sich selbst fragen, ob Sie Ihren Lebenszweck in Ihrer Karriere finden können oder nicht. Nur sehr selten wird jemand, der den Sinn seines Lebens nicht in seiner Arbeit findet, in dem, was er tut, richtig gut sein. Natürlich sind manche Menschen mit einer beträchtlichen Portion Begabung geboren und können jede Aufgabe gut verrichten, auch wenn sie keine Freude daran finden. Normalerweise können Menschen jedoch einen Beruf, der sie nicht glücklich macht, nicht richtig ausüben. Mit den Jahren wird ihre Abneigung dagegen immer mehr steigen, sie werden immer weniger erreichen und dementsprechend in der Wertschätzung ihrer Kollegen sinken. Infolgedessen werden sie sich letztendlich nach einer anderen Karriere umsehen.

Aus diesem Grund ist es extrem wichtig, dass es den Menschen gelingt, den Sinn ihres Lebens in ihrer Arbeit zu finden. Wenn ich „Sinn des Lebens“ sage, meine ich, dass sie spüren, dass dies ihre Bestimmung oder Berufung ist. Eine Karriere hält ein ganzes Leben lang an. Die meisten Menschen studieren lediglich drei oder vier Jahre an der Universität, oder lassen wir es fünf oder sechs sein, doch das Berufsleben erstreckt sich über Jahrzehnte. In letzter Zeit wechseln immer mehr Menschen im Laufe ihrer Karriere mehrfach den Arbeitsplatz. Doch man findet immer noch selten jemanden, der seine Stelle mehr als zehnmal gewechselt hat. Viele Menschen bleiben ihr ganzes Leben lang am gleichen Arbeitsplatz oder haben maximal zwei bis drei verschiedene Stellen im Leben.

Ihre Karriere oder die Tätigkeit, mit der Sie Ihren Lebensunterhalt verdienen, ist etwas, womit Sie über einen langen Zeitraum hinweg beschäftigt sein werden. Wenn Sie daher nicht das Gefühl haben, dass dies Ihre Berufung ist, dass es etwas ist, wofür Sie bestimmt sind, oder wenn es von dem Lebensplan abweicht, den Sie festgelegt hatten, bevor Sie geboren wurden, wird das zu einer großen Katastrophe führen. Es bedeutet, dass Sie nicht vollkommen zufrieden damit sind, in dieses Leben geboren worden zu sein. Im Gegensatz dazu gibt es jedoch natürlich auch Menschen, die sich Karrieren hingebungsvoll widmen, die durchaus von ihrem ursprünglichen Lebensplan abweichen.

Wenn Sie in aller Ruhe einen Blick auf Ihr inneres Selbst werfen und merken, dass aus Ihrem Innern ein starkes Gefühl hochwallt, das Ihnen bestätigt, dass Ihre gegenwärtige berufliche Karriere Ihre Bestimmung ist und dass Sie in diese Welt hineingeboren wurden, um die Aufgabe zu verrichten, die Sie gerade tun, so passt Ihr Beruf gut zu Ihnen. Ist dies der Fall, so werden Sie mit großer Wahrscheinlichkeit eine erfolgreiche berufliche Karriere machen. Wenn Sie hingegen nichts lieber tun würden, als Ihren Arbeitsplatz zu kündigen, ist es sehr unwahrscheinlich, dass Sie sehr erfolgreich sein werden, selbst wenn Sie gezwungen sind zu bleiben.

Manche Menschen spüren, dass sie für ihre gegenwärtige Aufgabe nicht geeignet sind und dass ihre Berufung auf einem anderen Gebiet liegt. Ist dies der Fall, so haben sie wahrscheinlich den falschen Beruf, und es wäre besser, sie würden zu einer anderen Tätigkeit wechseln. Es gibt auch Menschen, die jegliche Arbeit prinzipiell verabscheuen. Solche Menschen haben kaum Aussicht, jemals mit irgendeiner Tätigkeit erfolgreich zu sein. In der Gesellschaft gibt es stets einen gewissen Prozentsatz an Menschen, die diese Einstellung haben.

Daher ist es zunächst erforderlich, den Sinn Ihres Lebens in Ihrem gegenwärtigen Beruf zu finden, wenn Sie Ihre beruflichen Leistungen verbessern möchten. Dazu ist es wichtig, dass Sie gerade einen Beruf ausüben, für den Sie berufen sind, einen Beruf, bei dem Sie tief in Ihrem Innern das Gefühl haben, dafür geboren zu sein. Manche Menschen können von sich sagen: „Mit diesem Beruf kann ich der Welt dienen. Ich kann der Welt meine Dankbarkeit zurückgeben. Mit meiner Arbeit werde ich meine persönlichen Ziele erreichen und zusätzlich meinen Beitrag für diese Gesellschaft und all ihre Mitglieder leisten.“ Solche Menschen werden in ihrem Beruf immer erfahrener werden, allein aufgrund der Tatsache, dass sie eine solch positive Einstellung zu ihrer Arbeit haben.

Menschen, die nicht imstande sind, auf diese Weise zu denken, und ihre Arbeit nur als eine Art zeitlich begrenzte Erfahrung betrachten, werden bei dem, was sie tun, niemals herausragende Leistungen hervorbringen. Wenn sie denken: „Ich habe nicht die Absicht, diesen Job meisterhaft zu erfüllen.

Solange mein Gehalt jedes Jahr steigt, bin ich recht zufrieden damit. Wenn ich auch bei dem, was ich tue, nicht sehr gut sein mag, so möchte ich dennoch, dass mein Gehalt stetig steigt", sind ihre Chancen, bei dem, was sie tun, gut zu werden, gleich null.

Ihren Lebenszweck im Beruf zu finden, heißt, dass Sie durch Ihre Arbeit ausdrücken, was es bedeutet, in dieser Welt leben zu dürfen. Es ist wichtig, dass Sie imstande sind zu spüren, dass Sie mit der Arbeit, die Sie leisten, zum Wohl der Welt beitragen. Dies kann man als „Gefühl der Berufung" bezeichnen. Es besteht ein enormer Unterschied zwischen den Menschen, die diese Einstellung haben, und solchen, die diese nicht haben. Menschen ohne Gefühl der Berufung, die einfach nur am eigenen Profit interessiert sind, ohne etwas investieren zu müssen, werden niemals auf den Rat anderer Menschen hören. Alles, was Sie zu solchen Menschen sagen können, ist Folgendes: „Denke einmal darüber nach, was du am Ende deines Leben erreicht haben wirst." Kurzum, es ist wichtig, dass Sie das Gefühl haben, dass Ihre Karriere Ihrem Leben Bedeutung schenkt und dass Sie durch Ihre Tätigkeit versuchen können herauszufinden, was dahinter liegt - das heißt, welche Bedeutung es hat, dass Sie in diesem Leben auf diesem Planeten geboren worden sind.

Machen Sie aus Ihrer gegenwärtigen Lebenssituation das Beste

Es mag sein, dass das Unternehmen, für das Sie jetzt gerade arbeiten, damals, als Sie sich erstmals um einen Arbeitsplatz beworben haben, nicht Ihre erste Wahl war, und dass es eigentlich eine andere Firma gab, bei der Sie lieber gearbeitet hätten. Vielleicht hatten Sie mehrere Alternativen zur Auswahl, haben sich aber dann für das Unternehmen entschieden, für das Sie gegenwärtig arbeiten, und nicht für das, wo Sie wirklich hätten arbeiten wollen.

Es gibt Menschen, die von keinem der beiden Unternehmen ihrer ersten Wahl eingestellt wurden, sondern in einem Betrieb gelandet sind, der in ihren Augen dritte, vierte oder gar fünfte Wahl war. Es gibt auch Menschen, die in keinem der Unternehmen, die sie ausgewählt hatten, eine Anstellung finden konnten. Sie nahmen ihre jetzige Arbeitsstelle nur an, weil sie gerade frei war. Sie müssen sich im Klaren darüber sein, dass es nur ganz wenigen Menschen in dieser Welt gelingt, einen Arbeitsplatz in dem Unternehmen zu bekommen, das ihre erste Wahl ist.

Selbst diejenigen, welchen es gelingt, in das Unternehmen ihrer Wahl zu kommen, tun dies nicht unbedingt, weil sie glauben, dies sei ihre Berufung in diesem Leben. Oft haben sie ein Unternehmen nur wegen seines Images in der Gesellschaft ausgewählt, weil es berühmt ist oder weil die Gehälter gut sind. Menschen, die sich für ihren Arbeitsplatz nicht aus dem Grund entschieden haben, weil sie das Gefühl haben, geboren zu sein, um dort zu arbeiten, sondern nur, weil viele ihrer Klassenkameraden dorthin wollten oder weil es absolut „in" war, machen sich nicht viele Gedanken darüber, ob ihr Beruf so ideal ist, dass sie sich ihm in diesem Leben voll und ganz verschreiben können.

Die hohen Geistwesen im Himmel, darunter auch die Schutz- und Führungswesen, sehen wenig Anlass, einem solchen Menschen zu helfen. Sie werden sich nicht übermäßig für jemanden engagieren, der sich nur deshalb für eine Stelle in einem Unternehmen entschieden hat, weil es einen sehr guten Ruf hat.

Heute sind die meisten Menschen in einem Unternehmen angestellt, und ganz gleich, ob es ihre erste Wahl war oder nicht –

es ist wichtig, dass sie glauben, dass ihr Schicksal sie dorthin geführt hat und dass sie für dieses Unternehmen berufen sind. Wenn Menschen in dem Glauben arbeiten können „Das Schicksal hat mich an diesen Arbeitsplatz geführt, das ist meine Bestimmung", wenn sie sich engagieren und Gutes leisten, werden sie mit großer Wahrscheinlichkeit bald befördert werden und erfolgreich sein. Dann werden sie genau die Arbeit verrichten können, die sie gerne tun, und infolgedessen ihre Bestimmung auch wirklich erfüllen.

Bedauern es Menschen umgekehrt immer wieder, dass sie bei einem bestimmten Unternehmen angefangen haben, haben sie stets das Gefühl, dass dies ein Fehler war und reagieren immer nur mit Jammern und Klagen – was wird das denn für Auswirkungen auf ihren Chef und auf ihre Kollegen haben? Beginnt jemand beispielsweise, sich vom ersten Tag an über seinen Arbeitsplatz zu beklagen, dann werden die Menschen in seinem Umfeld sagen: „Du störst hier die Arbeitsatmosphäre für jedermann. Wenn es dir hier so sehr missfällt, warum gehst du denn dann nicht lieber wieder?" Kommt umgekehrt ein junger Mensch voller Enthusiasmus in ein Unternehmen und erlebt dort nur Kollegen, die beständig sagen: „Du hättest nicht zu uns kommen sollen, hier ist nicht der richtige Platz für dich!", wird der Neuling bald seinen Arbeitseifer verlieren.

Ein Mitarbeiter, der sich ständig nur beklagt, wird einen negativen Einfluss auf das gesamte Unternehmen haben. Steht er erst am Anfang der Karriereleiter, so ist das schon schlimm genug. Wird er durch das ganze Unternehmen nach oben geschleust, so wird das mit der Zeit immer schlimmer. Gelangt er beispielsweise in die Position eines Managers, so wird er einen sehr störenden Einfluss haben.

Was ich damit sagen möchte, ist, dass Sie sich nicht darum kümmern sollten, was die Gesellschaft oder die Leute wohl sagen werden – Sie müssen einfach daran glauben, dass das

Schicksal Sie zu Ihrem Arbeitgeber geführt hat. Versuchen Sie, dort Ihre Berufung zu finden, und erfüllen Sie Ihre Bestimmung. Selbst wenn es nicht Ihre Bestimmung gewesen sein sollte, bei diesem bestimmten Unternehmen zu arbeiten, werden Sie dennoch feststellen, dass sich für Sie ein neuer Weg öffnen wird, wenn Sie hart dafür arbeiten. Unternehmen Sie jedoch keine besonderen Anstrengungen, so werden sich Ihnen niemals neue Gelegenheiten bieten.

Menschen, die ihrer Firma gegenüber sehr loyal sind, die davon überzeugt sind, dass sie für ein gutes Unternehmen arbeiten und dass die Arbeit, die sie leisten, gut ist, und auch nicht zögern, dies ihrer Familie, ihren Freunden und anderen Menschen in ihrem Bekanntenkreis mitzuteilen, werden letztendlich vorankommen. Menschen hingegen, die ihr Unternehmen beständig kritisieren, sobald sie das Büro verlassen haben, in dem Glauben, dass kein Kollege sie hören kann, werden erleben, dass sie bei der Beförderung übergangen werden.

Dies gilt nicht nur in Unternehmen. Wenn ein Lehrer vorgibt, in der Schule hart zu arbeiten, draußen beim Abendessen jedoch herumerzählt, wer seine Schule besucht, würde es nie auf eine gute Universität schaffen, dann arbeitet er gegen seine eigene Bestimmung. Menschen mit einer solchen Arbeitshaltung haben ihr Gehalt nicht verdient. Jemand, der sagt: „Ich arbeite nur an einer Schule, weil ich meinen Lebensunterhalt verdiene, und keiner, der an unsere Schule geht, wird jemals sein Examen machen", zeigt nicht die korrekte Arbeitshaltung für seinen Beruf, selbst wenn es stimmt, was er sagt. Wenn Sie Lehrer werden möchten, müssen Sie fest entschlossen sein, den Schülern den Unterrichtsstoff in einer Art und Weise beizubringen, die sicherstellt, dass ihre akademischen Fähigkeiten gefördert werden. Dies ist die Einstellung, die man als Lehrer haben sollte.

Wer nicht glaubt, dass er, welchen Beruf auch immer er für sich findet, seine Berufung finden wird, wenn er nur stets darum bemüht ist, sein Bestes zu geben, wird mit größter Wahrscheinlichkeit keinen Erfolg haben. Wer schlecht über sein Unternehmen oder seine Verwaltung spricht, sollte innehalten und sich fragen, ob das, was er sagt, wirklich stimmt, oder ob er einfach seine Arbeit nicht mag - oder ob er schlichtweg faul ist.

Menschen mit vielen Fähigkeiten sind imstande, gute Arbeit zu leisten, egal was sie tun. Es mag zwar eine bestimmte Tätigkeit geben, für die sie besonders geeignet sind und bei der sie sich am glücklichsten fühlen würden. Doch es gibt Tausende von verschiedenen Aufgaben auf der Welt, und es ist unwahrscheinlich, dass sie nur für diese eine herausragend geeignet sein sollten. In den meisten Fällen werden diejenigen, die in einer Tätigkeit gut sind, feststellen, dass sie alles, was sie anpacken, gut machen. Jemand, der beispielsweise in einem Juweliergeschäft erfolgreich Ringe oder Halsketten verkauft, wird merken, dass er, wenn er die notwendigen spezifischen Fachinformationen bekommt, genauso erfolgreich auch Kleidung oder Autos verkaufen kann. Dies gilt für die meisten anderen Berufe ebenfalls.

Aus diesem Grunde ist es wichtig, dass Sie Ihr Bestes geben, ganz gleich, in welchem Umfeld Sie sich befinden, und dabei Ihre Berufung erfüllen. Ist dies Ihre Einstellung, so werden Sie feststellen, dass Sie ein ganz anderer Mensch werden als der, der Sie gestern noch waren. Plötzlich werden Sie auch imstande sein, sich mit Ihren Leistungen hervorzutun. Diese Art von Bewusstsein ist ein Pfad, der zum Erfolg führt.

2

Verschiedene Möglichkeiten der Autodidaktik

Ohne persönliche Anstrengung werden Sie Ihre beruflichen Leistungen nicht verbessern

Der nächste Punkt, auf den ich im Hinblick auf die Verbesserung Ihrer beruflichen Leistungen eingehen möchte, ist von praktischerer Natur. Er betrifft die Selbstdisziplin. Damit Sie gute Arbeit leisten können, ist es unerlässlich, dass Sie sich persönlich weiterbilden.

Nehmen wir beispielsweise das Schwimmen: Niemand kann schwimmen, ohne es vorher gelernt zu haben. Natürlich haben angeborenes Talent und Körperkraft viel Einfluss darauf, dass man ein Meisterschwimmer wird. Ganz gleich, wie hart die Menschen trainieren mögen - es werden nur wenige bis zur Teilnahme an der Olympiade vordringen. Doch nicht einmal ein Olympiaschwimmer wäre imstande zu schwimmen, wenn er nicht vorher geübt hätte. Wenn ich davon spreche, dass man das Schwimmen üben muss, reicht es natürlich nicht, dass man auf einer Matte trainiert. Niemand kann schwimmen lernen, wenn er es nicht direkt im Wasser übt.

Das Gleiche gilt für das Erlernen einer Fremdsprache. Ich kann garantieren, dass niemand, so klug er auch sein mag, imstande sein wird, eine Fremdsprache zu erlernen, ohne sie richtig zu studieren. Mit entsprechender Praxis jedoch kann jeder eine fremde Sprache meistern. Die Zeit, die hierfür erforderlich ist, variiert von Person zu Person, doch letztendlich wird der Lernende sie meistern.

Ganz gleich, um welche Thematik es sich handelt - wenn jemand hart genug trainiert, werden seine Fähigkeiten bis an die Grenzen seines angeborenen Potenzials wachsen. Manch einer mag sich darüber beklagen, dass ein anderer besser ist als er selbst, doch er kann gar nicht wirklich wissen, wie schwer der andere gekämpft hat, um diese Fähigkeit zu erwerben.

Was auch immer man gerne meistern möchte - es ist eigentlich ein Kampf gegen sich selbst. Wenn Sie hart genug trainieren, ist garantiert, dass Sie sich verbessern. Dies gilt in geistiger, körperlicher und spiritueller Hinsicht sowie beim Erwerb religiöser Erleuchtung. Wenn Sie mit sich selbst ringen und zu üben beginnen, wird es Ihnen stets gelingen, sich weiterzuentwickeln.

Lesen Sie - nutzen Sie Bücher und Zeitungen, um Material zu sammeln

Wenn man allgemein über Arbeit nachdenkt, besteht die gewöhnlichste Methode des Selbststudiums darin, etwas zu lesen. Bei der Lektüre stehen Bücher an erster Stelle, gefolgt von Tageszeitungen. Über das Lesen können Sie Informationen sammeln, die Sie als Arbeitsmaterialien nutzen können.

Es verhält sich dabei ganz ähnlich wie beim Kochen. Zunächst müssen Sie alle Zutaten beisammen haben. Ganz gleich, wie praxiserfahren ein Koch auch sein mag - ohne die nötigen Zutaten kann er rein gar nichts ausrichten. Im Falle des Kochens zeigen sich die Fähigkeiten des Kochs ja im Ergebnis, doch ohne Lebensmittel, die er verarbeiten kann, kann er natürlich gar nichts erreichen. Gleiches gilt für jede andere Aufgabe auch. Es gibt die unterschiedlichsten Formen von Arbeit. Sie können in der Automobilindustrie beschäftigt oder bei der Herstellung eines beliebigen anderen Produktes beteiligt sein, oder aber Sie arbeiten mit Dokumenten. Was immer Sie auch tun - es ist genau wie beim Koch, der tagtäglich Mahlzeiten zubereitet: Die Auswahl der richtigen Zutaten ist das Entscheidende.

Eine Möglichkeit, die richtige Materialauswahl zu treffen, besteht im Lesen von Fachlektüre. Indem Sie Bücher oder Zeitungen lesen, können Sie Ausgangsmaterial für Überlegungen sowie Informationen sammeln, die für Sie bei Ihrer Arbeit hilfreich sein können. Sie werden täglich mit neuen Aufgaben konfrontiert werden. Damit Sie diese meistern können, müssen Sie beständig neue Informationen sammeln.

Die richtige Lektüre ist eine der Grundlagen für gutes Arbeiten. Es ist eine allgemein anerkannte Tatsache, dass Menschen, die viel lesen, gute Arbeit leisten. 70 bis 80 Prozent der Menschen, die gewissenhaft nach neuen Informationen suchen, stellen fest, dass sich dadurch ihre Denkprozesse beschleunigen. Folglich können sie auch gute Arbeit leisten.

Doch das bedeutet, dass immer noch 20 bis 30 Prozent an Menschen übrig bleiben, die viel lesen, aber dennoch nicht imstande sind, gute Arbeit zu leisten. Einer der Gründe hierfür mag sein, dass sie mit anderen Menschen nicht gut zurechtkommen. Vielleicht bevorzugen sie es, allein in einem Raum zu sitzen und zu lesen. Doch eventuell fehlt es ihnen auch an zwischenmenschlichen sozialen Fähigkeiten, und sie sind nicht imstande, in einem Büroteam zu arbeiten. Solange solche Menschen jedoch gerne lesen, können sie unter Umständen auch als Individuen erfolgreich sein.

Eine andere Sparte von Menschen, welcher es schwerfällt, trotz regelmäßiger Lektüre gute Arbeit zu leisten, ist diejenigen, die aus Gewohnheit oder Routine und nur halbherzig lesen. Ihre Augen wandern über die Buchstaben der Seite, die vor ihnen aufgeschlagen liegt, doch sie sind nicht imstande zu erfassen, um was es sich bei dem, was sie lesen, überhaupt genau handelt. Die meisten Menschen, welchen es nicht gelingt, mit ihrer Arbeit voranzukommen, obwohl sie lesen, gehören zu dieser Kategorie.

Für diese Art von Menschen ist das geschriebene Wort nur eine willkommene Ausflucht. Sie fühlen sich unsicher, wenn sie nichts zu tun haben. Daher verbringen sie ihre Zeit mit Lesen. In Wirklichkeit jedoch ist es einfach ihre Art und Weise, sich darum herumzumogeln, sich in Gedanken vertiefen oder neue Ideen schöpfen zu müssen, um ihre Arbeitsleistung zu verbessern. Es nützt nichts, Berge von Zeitungen zu lesen, wenn man die Inhalte nicht bei der eigenen Arbeit verwenden kann. Menschen, die imstande sind, sich durch eine Unzahl von Artikeln hindurchzuarbeiten und dabei auch nur auf einen einzigen stoßen, von dem sie bei ihrer Arbeit profitieren, werden eine erfolgreiche Karriere absolvieren. Doch ganz gleich, wie viel sie auch lesen mögen, solange sie dies nur rein mechanisch tun, um sich die Zeit zu vertreiben, wird sich ihre Arbeitsleistung nicht verbessern.

Ein weiterer Aspekt, den man im Blick haben sollte, ist die Qualität des Materials, das Sie lesen. Menschen, die nur Boulevardzeitungen oder Skandalblätter lesen, mögen auf dem aktuellsten Stand sein, was die neuesten Klatschnachrichten betrifft. Doch dies wird ihnen bei ihrer Arbeit kaum weiterhelfen.

Fazit: Menschen, die viel lesen, jedoch nicht imstande sind, mit ihrer Arbeit voranzukommen, haben entweder Probleme mit zwischenmenschlichen Beziehungen oder aber sie lesen, ohne die Bedeutung des Geschriebenen zu erfassen beziehungsweise sie lesen Material, das mehr oder weniger wertlos ist.

Menschen, die ihre Augen einfach über eine Seite wandern lassen, sollten sich bemühen, den Kern dessen zu erfassen, was sie lesen. Ich empfehle ihnen, sich darin zu üben, sich zu fragen, welche nützlichen Informationen das Buch, das sie gerade gelesen haben, beinhaltet. Es ist wichtig, selbst die Initiative zu ergreifen und aktiv zu lesen. Der Autor hat das Buch mit Sicherheit mit den Inhalten gefüllt, die er darlegen wollte. Doch die Leser werden nicht unbedingt die gleichen Interessen teilen. Daher müssen sie nach den Informationen Ausschau halten, die für sie nützlich sein werden. Sie sollten nie vergessen, sich auf das zu konzentrieren, was relevant ist.

Achten Sie bei der Lektüre eines Buches darauf, welche Informationen für Sie nützlich sein könnten - auf Inhalte, die Sie nutzen können, sowie darauf, welche Wirkung diese auf Sie haben. Dies wird Ihre Studien erleichtern, und Sie werden davon bei Ihrer Arbeit profitieren. Wenn Sie jedoch ein Buch auswählen, das ein Thema abhandelt, das Sie nicht verdauen können, wird das Tempo des Autors Sie völlig überfordern. Das wird letztendlich dazu führen, dass Sie einfach Ihre Zeit vergeuden, da Sie trotz aller Bemühungen des Autors, überzeugend zu sein, nicht verstehen, was da geschrieben steht. Sie müssen aufmerksam sein und üben, um beim Lesen die Hauptaussagen zu erfassen, beispielsweise indem Sie die Passagen, die Ihnen von Bedeutung erscheinen, unterstreichen.

Schreiben Sie - ordnen Sie Ihre Probleme, indem Sie diese niederschreiben

Etwas niederzuschreiben ist eine weitere wichtige Methode der Autodidaktik in diesem modernen Zeitalter. Ich empfehle Ihnen hier nicht, ein ellenlanges Werk zu verfassen. Die Menschen von heute sind zu beschäftigt, um viel zu schreiben. Ich meine damit, dass Sie Ihre Probleme auf Papier niederschreiben sollten, um sie zu ordnen.

Heute erhalten die Menschen von allen Seiten ungeheure Informationsmengen, und sie haben Tausende von verschiedenen Dingen im Kopf. Infolgedessen ist es sehr schwierig, richtig voranzukommen, wenn man keine klare Vorstellung davon hat, welchen Problemen man sich gegenübersieht, was man sagen möchte, welche Gedanken man sich dazu gemacht hat sowie was man zu tun gedenkt. Wenn Sie voller Sorgen sind und das Gefühl haben, verwirrt zu sein, und unfähig sind, Entscheidungen zu treffen, so kommen Sie zur Ruhe. Nehmen Sie einen Stift zur Hand, und versuchen Sie, alles auf Papier niederzuschreiben. Dabei werden Sie oft feststellen, dass sich eine klare Lösung abzeichnet.

Menschen, die sich ständig darüber beklagen, wie beschäftigt sie sind, müssen ihre Probleme auf Papier niederschreiben – was sie genau versuchen zu erreichen, was sie tun müssen oder was sie ihrem Chef sagen möchten. Sie müssen nicht viel aufschreiben, nur eine kleine Notiz für sich selbst. Das Wichtige daran ist, alles auf Papier zu fixieren.

Sollten Sie sich verwirrt fühlen, dann listen Sie alle Aufgaben auf, die Sie erledigen müssen, und Sie werden feststellen, dass dies Ihnen dabei hilft, die Dinge in Ihrem Kopf zu ordnen und zu erkennen, was erforderlich ist. Haben Sie diese Liste erst einmal erstellt, so brauchen Sie die Punkte nur der Reihe nach abzuarbeiten, und all Ihre Probleme werden gelöst sein. Doch viele Menschen sind nicht imstande, ihre Probleme zu ordnen, und geraten stattdessen in Panik. Ein normaler Mensch verfällt bereits in Panik, wenn er mit nur zwei oder drei Problemen konfrontiert ist.

Wenn Sie nicht mehr wissen, was Sie tun sollen, wenn Sie schon kurz davor sind aufzugeben, erstellen Sie eine Liste all Ihrer Probleme auf einem Blatt Papier. Es muss nicht viel sein, nur kurze Notizen, doch nutzen Sie diese Methode, um die Dinge zu ordnen. Wenn Sie alles aufschreiben, wird Ihnen die Kommunikation mit sich selbst leichter fallen, und Sie werden eine bessere Vorstellung davon haben, was zu tun ist. Wenn Sie dies versuchen, werden Sie feststellen, dass Ihnen die Arbeit leichter von der Hand geht.

Sobald Sie morgens an Ihrem Arbeitsplatz ankommen, sollten Sie als Erstes einen Stift zur Hand nehmen und auf einem Notizzettel niederschreiben, was Sie an diesem Tag alles erledigen müssen sowie was Sie tun müssen, um Ihre Arbeit zu erledigen. Es muss keine lange Liste werden - drei Punkte genügen. Gelingt es Ihnen gleich morgens, drei Aufgaben aufzuschreiben, die Sie während des Tages erledigen müssen, so haben Sie bereits viel erreicht. Sie werden außerdem feststellen, dass Sie nun imstande sind, Ihre Zeit viel effizienter zu nutzen. Menschen, die einfach ins Büro gehen, sich mit einer Tasse Kaffee hinsetzen und nur darauf warten, dass das Telefon klingelt, ohne eine wirkliche Vorstellung davon zu haben, was sie an diesem Tag erledigen müssen, werden in ihrem Beruf niemals überragende Leistungen zeigen.

Aus diesem Grund ist es wichtig, dass Sie gleich morgens, wenn Sie ankommen, aufschreiben, was Sie an diesem Tag tun werden. Nehmen Sie dann, wenn es an der Zeit ist, nach Hause zu gehen, sagen wir um sechs Uhr oder um acht Uhr abends, wieder ein Blatt Papier zur Hand und lassen Sie den Tag nochmals Revue passieren. Schreiben Sie alles nieder, was Sie erreicht haben. Stellen Sie sich dabei die Frage, ob Sie es gut oder schlecht erledigt haben. Schreiben Sie als Nächstes all das nieder, was Sie an diesem Tag nicht geschafft haben. Arbeiten Sie dabei heraus, was am folgenden Tag als Nächstes getan werden muss und was auf die kommende Woche verschoben werden kann. Organisieren Sie alles auf diese Weise, so dass Sie genau wissen, was Sie am nächsten Tag erwartet.

Es ist sehr wichtig, dass Sie eine klare Vorstellung von alledem haben, was Sie bereits erledigt haben und was Sie noch tun müssen. Menschen, die hierzu nicht imstande sind, wird es niemals gelingen, ihre Arbeit zu Ende zu führen, ganz gleich wie viel Zeit sie auch haben mögen. Die Zeit wird einfach verstreichen, und sie werden nichts erreichen. Menschen, die genau benennen können, was sie jeden Tag erledigen müssen und was ihnen an diesem Tag gelungen ist, sind fähig, ihre Zeit so effizient wie möglich auszunutzen.

Hören Sie zu – setzen Sie Ihre Ohren als Werkzeuge ein

Nach dem Lesen und Schreiben kommt als nächster wichtiger Aspekt das „Zuhören“. Wie das Lesen, so ist auch das Zuhören eine weitere Methode, um Informationen zu sammeln und diese als Material für Ihre Arbeit zu nutzen. Damit meine ich Radio hören oder Fernsehen - Videos, Audiotapes und CDs sind ebenfalls nützlich. Fernsehen und Videos sind zwar eigentlich visuelle Medien, doch sie sind zugleich auch Tonträger.

Zuzuhören ist eine der fundamentalsten Fähigkeiten des Menschen. Es ist wichtig, dass Sie Ihre Ohren benutzen, um Informationen zu sammeln, die Sie für Ihre Arbeit nutzen können. Es ist auch wichtig, sich anzuhören, was andere Menschen sagen. Sie müssen sich Ihre Ohren als mächtige Waffen am Arbeitsplatz vorstellen. Verlassen Sie sich nicht allein auf Ihre Augen - benutzen Sie auch Ihre Ohren.

Wenn Sie beschäftigt sind, können Sie Ihre Augen und Ohren für verschiedene Zwecke nutzen. Man kann beispielsweise zugleich fernsehen und ein Buch lesen. Damit meine ich, Sie können das Buch lesen, während Sie Ihre Ohren gleichzeitig nutzen, um die Inhalte des Fernsehprogramms zu erfassen. Dies ist ein Beispiel, wie Sie Ihre Ohren sinnvoll einsetzen können. Doch sie können auch auf verschiedene andere Weise genutzt werden, damit man ihr Potenzial voll ausschöpft.

Erstaunlich viele Menschen haben noch nicht erkannt, dass es ihnen leichter fallen wird, gute Arbeit zu verrichten, wenn sie ihre Ohren richtig einsetzen. Sie sollten die Bedeutung des Gehörs nicht unterschätzen. Sie können Ihre Ohren auch zum Lernen verwenden. In der Schule erhält man viele Informationen, indem man dem Lehrer zuhört. Seltsamerweise verwurzeln sich Informationen, die wir über unser Gehör erfahren, tiefer in uns als solche, die wir über die Augen wahrnehmen. Etwas, was Sie aus dem Mund eines anderen hören, bleibt stärker in Ihrer Erinnerung verhaftet als etwas, was Sie gelesen haben.

Derzeit leben wir im TV-Zeitalter. Fernzusehen ist weitaus weniger anstrengend als ein Buch oder eine Zeitung zu lesen. Daher neigen die Menschen dazu, viel fernzusehen. Doch wenn wir die Vorzüge des Fernsehens und des Lesens in Bezug auf unseren Intellekt vergleichen, entspricht eine Stunde Fernsehen gerade einmal zehn Minuten Lektüre. Eine besonders gut gestaltete Fernsehsendung mag viele Informationen enthalten, doch die meisten von ihnen sind recht banalen Inhalts.

Die Mehrzahl der Fernsehsendungen ist verhältnismäßig einfach gestrickt. Um eine Folge zu produzieren, braucht das Studio nur eine berühmte Persönlichkeit einzuladen und diese reden zu lassen. Doch zu einem Buch gehört viel mehr harte Arbeit. Zunächst muss der Autor all die nötigen Informationen sammeln und sich bemühen, all die Zeilen jeder Seite zu füllen. Hat er dies geschafft, muss das Rohmanuskript überarbeitet werden. Was die enthaltene Menge an Informationen betrifft, so kann man mit Fug und Recht behaupten, dass eine Stunde Fernsehen nur etwa zehn Minuten Lektüre entspricht.

Natürlich unterscheiden sich die Informationen, die man über das Fernsehen erhält, von solchen, die man in einem Buch findet. Ein Fernsehprogramm beispielsweise kann Szenen aus Übersee präsentieren, die jenseits des Wissenshorizonts oder der Erfahrung des Zuschauers liegen, und dies ist von unvergleichbarem Wert. Neben dem Fernsehen gibt es für uns nur sehr wenige Möglichkeiten, Wissen über Bereiche zu erlangen, die mit unserem eigenen Leben und Hintergrund nichts zu tun haben. Die meisten Menschen werden aber auch kaum Bücher über solche Themen lesen. Ein Zahnarzt beispielsweise mag alles Wissenswerte, was es über Zähne gibt, verstehen. Doch es ist sehr unwahrscheinlich, dass er beschließt, sich mit der Hochseefischerei zu befassen, und ein Buch darüber kauft, außer er interessiert sich persönlich dafür. Er kann sich jedoch ohne Probleme eine Fernsehsendung ansehen, die zeigt, wie Fischfangflotten das Kap Horn umrunden und Thunfisch fangen. So erfährt er, was das Berufsbild der Fischerei alles umfasst.

Auf diese Weise kann das Fernsehen eine einfache Methode sein, um Informationen zu sammeln, die sehr wenig Bezug zu unserem persönlichen Leben haben. Es ist auch ein wertvolles Instrument, um Kenntnisse über Dinge zu erlangen, die außerhalb unseres Erfahrungshorizontes liegen. Aber auch wenn dem so ist, sollten Sie stets bedenken, dass eine Stunde Fernsehen nur etwa zehn Minuten Lesen entspricht. Anders ausgedrückt: Sie werden aus sechs Stunden Fernsehen nicht mehr Informationen ziehen als aus einer Stunde, die Sie über einem Buch verbringen.

Es heißt, dass ein Durchschnittsbürger in einem Industriestaat heute täglich zwischen fünf und sieben Stunden fernsieht. Wenn jemand jedoch sechs Stunden fernsieht, wird er nur die Informationen und intellektuellen Anregungen erhalten, die einer Stunde Lesen entsprechen. Außerdem führt Fernsehen über längere Zeit zu Augenbeschwerden und geistiger Ermüdung.

Denken Sie – steigern Sie Ihre Arbeitsleistung, indem Sie Ihr Denken vertiefen

Das Denken ist eine weitere wichtige Methode der Autodidaktik. Es spielt eine fundamentale Rolle bei der Effizienzsteigerung am Arbeitsplatz. Egal ob Sie lesen, schreiben oder zuhören – Sie denken dabei zugleich auch. Um Ihre beruflichen Leistungen zu verbessern, müssen Sie Ihre Gehirnleistung trainieren. Ebenso wie Muskeln durch Training gestärkt werden können, kann man dies auch mit der Kraft der Gedanken tun.

Menschen, die normalerweise nicht intensiv nachdenken, können sich auf ein Thema nicht mehr als fünf Minuten konzentrieren, bis ihr Geist abschweift. Unter diesen Menschen gibt es manche, die sich auf eine Sache nicht länger als eine Minute oder nicht einmal zehn Sekunden konzentrieren können. Versuchen solche Menschen, über etwas nachzudenken, so stellen sie fest, dass ihre Gedanken in Richtung Abendessen oder zu einem anderen belanglosen Thema wandern – mit dem Ergebnis, dass sie nicht imstande sind, die Aufgabe, die vor ihnen liegt, zu lösen.

Solche Menschen, die sich unfähig fühlen, sich auf eine einzige Sache zu konzentrieren, sollten sich zunächst einmal selbst disziplinieren, indem sie lesen, schreiben oder zuhören. Wenn sie sich beständig in dieser Weise trainieren, werden sie merken, dass ihre Gedanken aufhören zu wandern. Haben sie dieses Ziel erreicht, so müssen sie ihre Denkfähigkeit steigern.

Menschen in verantwortungsvollen Positionen entwickeln eine höhere Denkleistung, denn sie müssen intensiver nachdenken und Ideen wieder und immer wieder durchdenken. Infolgedessen sind sie imstande, Arbeit zu leisten, mit der man eine hohe Wertschöpfung erzielt.

Wenn ein Manager jemanden zu einem Thema befragt, mit dem dieser sich schon einmal befasst haben dürfte, so wird jeder normale Mensch antworten: „Ich arbeite gerade daran und werde Ihnen morgen eine Antwort liefern.“ Am nächsten Tag wird er mit genau einer Lösung für dieses Problem aufwarten. Wird er dann gefragt, was passieren wird, wenn die Dinge nicht nach Plan verlaufen, so ist er gezwungen zu sagen, dass er am nächsten Tag eine Antwort darauf liefern wird. Dies kann sich auf unbestimmte Zeit über mehrere Tage weiter fortsetzen, die man dann mit dieser einzigen Fragestellung vergeudet.

Befinden Sie sich in einer derartigen Situation, so sollten Sie, auch wenn Sie anfangs nur eine einzige Antwort präsentieren sollten, Antworten für drei oder sogar vier oder fünf Situationen parat haben. Obgleich Sie sich für die Lösung A entscheiden, sollten Sie auch die Fälle B, C, D und E abwägen, bevor Sie wieder bei Ihrem Chef vorstellig werden und ihm mitteilen, dass A die beste Lösung für das Problem ist. Wenn Sie dies tun, sollten Sie, für den Fall, dass Sie zu anderen Lösungen befragt werden, imstande sein zu sagen: „Ich habe andere Möglichkeiten in Betracht gezogen, doch Lösung B hat folgenden Nachteil ... Das könnte man umgehen, wenn man Lösung C hernimmt, doch auch diese hat ihre Schwächen. Daher denke ich, wir sollten bei A bleiben.“ Auf diese Weise werden Sie imstande sein, all die Fragen Ihres Chefs auf einmal zu beantworten, ohne diese Aufgabe auf drei Tage auszuweiten und dann die ganze Zeit darüber zu jammern, wie beschäftigt Sie sind. Sie müssen also, obwohl von Ihnen nur eine Antwort gefordert sein mag, eine Reihe von Alternativen erwägen.

Diese Fähigkeit ist insbesondere im Sekretariat und in der Planungsabteilung eines Unternehmens von Bedeutung. In beiden Bereichen wird von den Angestellten verlangt, dass sie auf alle Eventualitäten gefasst sind. Die Sekretärin eines Geschäftsführers muss beispielsweise dessen Terminkalender planen. Tagtäglich wird sie jedoch mit unerwarteten Besuchern und Telefonanrufen konfrontiert, die es ihr unmöglich machen, irgendetwas festzulegen. Sie kann unter Umständen einen groben Plan für die bevorstehenden Tage erstellen, doch da immer unvorhersehbare Ereignisse zu erwarten sind, ist ein Terminplan, der eine Woche vorher aufgestellt wurde, sinnlos.

Würde eine Sekretärin all den Menschen, die keinen Termin vereinbart hatten, verweigern vorzusprechen, so würde ihr Chef in große Nöte geraten. Würde der Chef eines Großkunden des Unternehmens erscheinen, um dann bei der Sekretärin auf Widerstand zu stoßen, wenn etwas nicht im Terminplan steht, dann würde sich das Unternehmen selbst bald in Schwierigkeiten befinden. Obgleich im Terminkalender eigentlich schon alles festgelegt ist, muss die Sekretärin Prioritäten setzen und die Termine entsprechend der jeweiligen Situation flexibel anpassen können. Damit sie nicht in Panik verfällt, muss sie sich mehrere Alternativen zum Grundplan ausdenken, die sie je nach Umständen aus der Reserve holen kann.

Dies ist eine Fähigkeit, die von Menschen gefordert wird, die im Bereich Sekretariat arbeiten. Auch für diejenigen, die in einer Planungsabteilung sitzen, beispielsweise für den Bereich Warenverkauf oder Produktdesign, ist diese Fähigkeit unerlässlich. Wenn man im Bereich Planung arbeitet, muss man eine ganze Reihe von Ideen produzieren, denn die meisten von ihnen werden wieder fallen gelassen. Es nützt Ihnen nichts, nur mit einer einzigen brillanten Idee aufzuwarten, denn wenn diese abgelehnt wird, stehen Sie mit leeren Händen da.

Ein schönes Bild hierfür sind die Bemühungen einer Ente im Wasser. Auf den ersten Blick scheint sie ohne jegliche Anstrengung über die Wasseroberfläche zu gleiten. Schaut man jedoch ins Wasser, so sieht man, dass sie wild mit den Füßen paddelt. Menschen, die Arbeit nicht scheuen, die selten gewürdigt wird, sind diejenigen, die die Karriereleiter erfolgreich erklimmen. Menschen, die dies ständig tun, können Fragen spontan beantworten und sind flexibel im Denken. Wer nicht fähig ist umzudenken, verbringt zu wenig Zeit damit, sich gedanklich in eine Sache zu vertiefen. Werden solche Menschen mit einem Problem konfrontiert, so geraten sie aus dem Konzept und versuchen erst dann, spontan nachzudenken. Folglich gelingt es ihnen auch nicht, Lösungen zu finden.

3

So wichtig ist Kreativität

Heute leben wir im Zeitalter der Ideenschöpfung

Als dritten Punkt zum Thema „Steigerung der beruflichen Leistungen" möchte ich hervorheben, wie wichtig eine gute, kreative Planung ist. Um alltägliche Routineaufgaben zu leisten, genügen durchschnittliche Fähigkeiten. Routinearbeiten sind solche, bei welchen leicht der eine den anderen ersetzen kann, wenn es die Situation erfordert. Im Gegensatz dazu erzeugen Leistungen, für die man nur schwer Ersatzkräfte finden kann, zusätzliche Wertschöpfung.

Eine Art von Arbeit, die zur Wertschöpfung beiträgt, ist eine kreative Planung. Zur richtigen Planung gehört die Erfindung eines Produktes, das in dieser Form bisher nicht existiert hat - die „Schöpfung aus dem Nichts". Jemand, der beispielsweise seinen Blick über die afrikanische Savanne streifen lässt und dabei nur denkt: „Schau dir all diese Tiere an!", wird niemals etwas im Leben erreichen. Ein anderer mag die gleiche Szenerie betrachten und sagen: „Wenn ich hier ein neues Unternehmen gründen würde, könnte ich das Land bereichern." Eine kreative Planung kann also der Wertschöpfung dienen.

Das bedeutet jedoch wiederum nicht, dass Sie unbedingt aus jedem „Nichts" etwas machen müssen. Sie besitzen bereits

Ausgangsmaterial, und anstelle diese Materialien so zu nutzen, wie sie sind, denken Sie sich etwas Neues aus und kombinieren sie mit anderen Dingen, um etwas Neuartiges zu erschaffen. Dies ist möglich, weil Sie Originelles planen können. Diese Fähigkeit lässt etwas Neues, Einzigartiges entstehen.

Wichtig ist, dass Sie lernen, flexibel zu denken. Vielleicht denken Sie beispielsweise: „Wenn die ganze Welt asphaltiert wäre, könnte man viel leichter gehen." Doch dies wäre ein gigantisches Projekt, das Unsummen an Rohstoffen verbrauchen würde, und ließe sich nur schwer realisieren. Sie könnten jedoch Ihren Blickwinkel ein klein wenig verrücken und sagen: „Statt Straßen zu bauen, könnte ich mir Schuhe machen. Dann könnte ich überallhin wandern, egal wie uneben der Untergrund ist." Auf diese Weise können Sie zu der Idee gelangen, Ihre Füße zu schützen, anstelle die Straßen zu verbessern.

Vielleicht dachten die Menschen, die die ersten Schuhe erfunden haben, auch so. Sie mögen sich gesagt haben, dass sie viel leichter auf Kies, Sand oder im Schlamm gehen könnten, wenn sie Schuhe tragen würden. In Regionen, in welchen noch niemand auf diese Idee gekommen ist, gehen die Menschen heute noch barfuß. So führt die Betrachtung eines Problems aus verschiedenen Blickwinkeln zu neuen Erfindungen. Dabei nimmt Kreativität eine sehr wichtige Rolle ein.

Kreativität ist zu einem gewissen Grad angeboren. Doch in den meisten Fällen sammeln diejenigen Menschen, bei welchen diese Fähigkeit sehr ausgeprägt ist, zugleich auch leidenschaftlich alle möglichen Informationen. Daher fehlt es ihnen nie an Gesprächsstoff, und sie haben jede Menge neuer Ideen. Ich habe bereits die Bedeutung des Lesens und Zuhörens erörtert. Es ist Fakt, dass Menschen, die nicht gut darin sind, Informationen zu sammeln, normalerweise auch nicht viel Einfallsreichtum besitzen. Menschen, die neue Ideen bringen, holen sich beständig neue Informationen. Ohne Input kein Output. Wer stets begeistert nach neuen Informationen sucht und diese richtiggehend sammelt, wird ein guter Planer. Ohne Informationen entstehen keine spontanen Ideen. Wenn man immer nach neuen Informationen Ausschau hält, kann man auch mit neuen Ideen aufwarten.

In unserem heutigen Zeitalter ist Planungsgeschick gefragt. In einer Welt, in der man mit Informationen und Wissen überflutet wird, ist es nicht ratsam, einfach frei von der Leber weg zu agieren - es bedarf auch einer gewissen Planung. In unserem modernen Zeitalter muss man Ideen produzieren, indem man sich fragt, was man machen sollte, wie man etwas tun sollte und wie das Ergebnis aussehen wird, um diese Vorstellungen dann umzusetzen.

Die KJ-Methode - eine einfache Methode, um eine schriftliche Arbeit zu verfassen

Ich habe dargelegt, wie wichtig es ist, Informationen zu sammeln, um eine gute Planung zu garantieren. Doch dies allein wird nicht zu neuen Produktentwicklungen oder weiteren Geschäftsabschlüssen führen. Daher möchte ich diese Gelegenheit ergreifen und mehrere Methoden vorstellen, mit welchen Sie Ihr Planungstalent verbessern können.

Die erste Methode, die ich präsentieren möchte, ist die „KJ-Methode". „KJ" bezieht sich auf die Initialen ihres Erfinders, Jiro Kawakita (1920-2009). Er ist ein Anthropologe aus Japan, der in Nepal lebte und wirkte. Um all die Daten zu erfassen, die er bei seiner „Feldstudie" erhoben hat, entwickelte er die sogenannte „KJ-Methode". Sie wird heute zur Erstellung von Projektarbeiten verwendet.

Viele Menschen haben Schwierigkeiten, eine schriftliche Arbeit bis zu einem bestimmten Fixtermin zu verfassen. Sie versuchen verzweifelt, einen richtungsweisenden Hinweis oder eine Eingebung zu bekommen, die ihnen dabei helfen, 100 oder 200 Seiten zu einem bestimmten Thema zu schreiben. Doch sie sind nicht imstande, auch nur die Grundstruktur zu erstellen. Gleiches gilt für Romanschriftsteller – sie leiden beim Verfassen ihrer Bücher oft unter einer Schreibhemmung. In solchen Situationen wird alles einfach, sobald sie versuchen, die KJ-Methode anzuwenden.

Ich möchte die KJ-Methode gern näher erklären. Ich bin mir sicher, dass Sie manchmal Eingebungen in Form von Ideenblitzen haben, während Sie Ihrem Alltagsleben nachgehen. Sie kommen für gewöhnlich aus heiterem Himmel, und niemand kann vorhersehen, wann sie eintreten. Sie kommen selten dann, wenn man bewusst nachdenkt. Öfter treten sie dann ein, wenn man ein Video anschaut, beim Kaffeetrinken sitzt oder spazieren geht. Manchmal fallen uns reihenweise neue Ideen ein, wenn wir sie am wenigsten erwarten würden. Gleiches gilt beim Lesen: Manchmal stößt man in einem Buch auf einen Abschnitt, bei dem man das Gefühl hat, dass er in Zukunft von Nutzen sein könnte.

Machen Sie sich in irgendeiner Form eine Notiz, sobald dies passiert. Die offizielle KJ-Methode bietet spezielle Karten an, doch sie kann erfolgreich auf jedem noch so kleinen Notizzettel ausgeführt werden. Wenn Sie beispielsweise überall im Haus verteilt an strategischen Punkten „Post-it!"-Aufkleber platzieren, können Sie, sobald Ihnen ein Gedanke kommt, diesen in kurzen Stichpunkten spontan auf Papier bringen und den Aufkleber irgendwo anbringen, wo Sie ihn leicht wiederfinden. Beim nächsten Gedanken, mit dem Sie inspiriert werden, wiederholen Sie einfach den gleichen Prozess und kleben jedes Mal einen Notizzettel auf, sobald Ihnen wieder ein Gedanke kommt. Hat sich eine stattliche Anzahl von Aufklebern angesammelt, können Sie diese ordnen, und Sie werden einen harmonischen Ideenstrom vorfinden.

Normalerweise ist es schwierig, sich einfach hinzusetzen und eine Projektarbeit in einem Zug herunterzuschreiben. Doch wenn Sie diese Methode einsetzen, werden Sie erkennen, dass es Ihnen verhältnismäßig leichtfallen wird, Berichte oder Arbeiten zu schreiben. Sammeln Sie zuerst die Daten: Lesen Sie alle relevanten Bücher, machen Sie sich auf Aufklebern Stichpunkte von allen Inhalten, die Ihnen in irgendeiner Weise nützlich erscheinen. Wenn Sie eine beträchtliche Menge an Aufklebern angesammelt haben, können Sie diese in Gruppen mit themenverwandten Gedanken einteilen, so dass Sie am Ende mehrere Stapel vor sich liegen haben. Daraufhin betiteln Sie diese Stapel mit „Erstes Kapitel", „Zweites Kapitel", „Drittes Kapitel", etc. - und im Handumdrehen werden Sie eine schriftliche Arbeit verfasst haben, die ein ganzes Buch füllen kann. Wenn Sie vielleicht auch nicht die nötige Inspiration bekommen, um eine Arbeit von Anfang bis Ende fertig zu schreiben, so werden Sie dennoch feststellen, dass Sie dank dieser Technik ein ordentliches Werk zustande bringen können.

Ich habe dieses Kapitel „So können Sie Ihre beruflichen Leistungen steigern" übrigens mit Hilfe einer ähnlichen Methode geschrieben. Das Kapitel basiert auf Notizen mit den Überschriften: 1. Sinn des Lebens - Leben Sie Ihre Berufung. 2. Autodidaktik - Lesen, Schreiben, Zuhören und Denken. 3. So wichtig ist Planungsgeschick. 4. Optimieren Sie Ihre Teamstärke. Ich brauchte nur ganze drei Minuten, um diese Überschriften zu finden und damit weiter zu verfahren, wie im Folgenden beschrieben:

Zunächst dachte ich an die Hauptüberschrift „So können Sie Ihre beruflichen Leistungen steigern". Dann wandte ich mich in Gedanken den Inhalten zu. Da ich der Meinung bin, dass es wichtig ist, einen Sinn im Leben zu haben, schrieb ich „Sinn des Lebens" auf eine Karte und klebte sie auf. Dann dachte ich an die Notwendigkeit, sich selbst zu trainieren und schrieb „Autodidaktik". Während ich darüber nachdachte, was dazugehört, fielen mir die Unterbegriffe „Lesen, Schreiben, Zuhören und Denken" ein. Als ich daraufhin darüber nachdachte, was man sonst noch braucht, stieß ich bald auf die Begriffe „Planungsgeschick" und „Teamstärke". Indem ich diese einzelnen Punkte aneinanderreihte, konnte ich dieses Kapitel zusammenstellen, und es kostete mich alles in allem nur etwa drei Minuten Zeit. (Ich habe diese Technik jedoch für die anderen Kapitel nicht eingesetzt.)

Normalerweise würde das nicht so leicht von der Hand gehen. Wenn man jedoch die Inhalte detaillierter niederschreiben und dafür zwei bis drei Dutzend Aufkleber verwenden würde, könnte man daraus eine sehr gute Abhandlung verfassen. Mit Hilfe der KJ-Methode kann man sowohl eine große Abhandlung als auch einen kleinen Artikel schreiben. Uns Menschen fallen viele unterschiedliche Ideen so ganz beiläufig ein. Wenn Sie diese niederschreiben und in die richtige Reihenfolge bringen, um sie dann mit den nötigen Informationen zu unterfüttern, können Sie jede Arbeit schreiben. Diese einfache Methode kann jeder nutzen. Sie wird Ihre Kreativität beträchtlich fördern.

Brainstorming – eine Möglichkeit, um mit originellen Ideen aufzuwarten

Eine weitere Möglichkeit, Ihre Kreativität zu stärken, ist das Brainstorming. An Arbeitstreffen nehmen normalerweise Menschen in verschiedenen Positionen teil, auch Geschäftsführer, Manager, Abteilungsleiter und leitende Angestellte. Wenn jeder aufgrund seiner Position nur in seiner jeweiligen Rolle verharrt, sind manche Menschen bisweilen nicht imstande zu sagen, was sie wirklich denken. Wenn ein Geschäftsführer beschließt,

„Wir werden das so machen", werden all die anderen keine Wahl haben und dem zustimmen müssen, ohne Gelegenheit zu haben, ihre eigene Meinung vorzustellen.

Brainstorming hingegen erfolgt in einer viel entspannteren Atmosphäre, ohne Rücksicht auf die Position. Die einzige Regel, die es beim Brainstorming zu beachten gilt, lautet, dass man, ganz gleich, welcher Vorschlag auch kommen mag, diesen nicht kritisieren darf. Jeder muss das Gefühl haben, frei sagen zu dürfen, was ihm in den Sinn kommt, da daraus die originellsten Vorstellungen und Ideen entspringen. Es lässt sich überhaupt nicht voraussagen, wer mit den besten Ideen aufwarten wird - manchmal kann es auch ein neues Mitglied im Unternehmen sein, denn die Position hat wenig mit Ideen zu tun. In Unternehmen, in welchen zu viel Wert auf die Position gelegt wird, die man hat, können Neuangestellte ihre Meinung in den ersten beiden Jahren oder sogar länger überhaupt nicht kundtun. Ignoriert man dagegen die Hierarchie, so können alle möglichen Ideen zur Sprache gebracht werden.

Auch der Veranstaltungsort selbst ist von Bedeutung. Der Rahmen sollte nicht zu starr sein. Ein Café ist eine gute Wahl, denn es regt das freie Denken an. Es ist nichts Ungewöhnliches, dass eine interessante Idee während einer Brainstorming-Sitzung aufkommt - eine Idee, die praktikabel erscheint und zu neuen Projekten und Produkten führt.

Brainstorming kann man nicht nur bei Arbeitstreffen einsetzen - es ist auch für jeden Einzelnen von uns nützlich. Ich nutze es in der Tat oft für mich persönlich. Wenn mir beispielsweise keine Idee kommen mag, sammle ich zahlreiche Bücher und Zeitschriften über eine ganze Reihe von Themen und beginne, sie alle durchzulesen. Auch wenn diese ohne Zusammenhang sind, ergeben sich Querverbindungen, wenn man sie aus einer völlig anderen Sichtweise betrachtet. Wenn man Materialien, die ohne Zusammenhang zueinander stehen, auf diese Weise kombiniert, entstehen andere Denkansätze. Dies führt manchmal dazu, dass etwas Neues entsteht. Wenn ich eine ganze Reihe von völlig unzusammenhängenden Artikeln lese, bekomme ich eine ganz neue Sichtweise der Dinge. Dies führt sehr oft zu konstruktiven Ideen.

Es heißt, der japanische Physiker Hideki Yukawa (1907-1981) habe als Kind die chinesischen Klassiker verschlungen. Die Fähigkeit, chinesische Klassiker zu lesen, scheint wenig Bezug zur Physik zu haben. Doch offensichtlich kam ihm diese Bildung sehr zugute. Insbesondere das Werk des chinesischen Philosophen Chuang-Tzu (4. bis 3. Jh. v. Chr.) beeinflusste seine Theorie der Elementarpartikel-Physik. Taoismus mag auf den ersten Blick nicht viel mit Physik zu tun haben. Doch Yukawas Wissen über das Thema verhalf ihm zu plötzlichen Einsichten, so dass er Gedanken hatte, die einem normalen Wissenschaftler nie gekommen wären.

Wenn Sie unter einer mentalen Blockade leiden, kann es Ihnen manchmal gelingen, eine neue Sichtweise einzunehmen und eine neue Idee zu schmieden, indem Sie unzusammenhängendes Material kombinieren. Die Lektüre von oder die Beschäftigung mit Themen, die überhaupt keinen Bezug zu den Themen haben, mit welchen man selbst zu tun hat, kann zu einer Synthese mit einem völlig anderen Ansatz führen.

Ich habe dargelegt, wie wichtig Planungsgeschick ist, und hoffe, dass Sie sich darum bemühen werden, dieses bei sich selbst zu entwickeln. Planen ist eine Tätigkeit, die viel Mehrwert schafft und viel bedeutender ist als einfache Bürotätigkeiten. Vergessen Sie nicht: Die Welt ist im Begriff, ins Zeitalter der Ideenschöpfung einzutreten.

4
Optimieren Sie Ihre Teamstärke

Wenn man auf Anerkennung aus ist, ist man von vornherein zum Scheitern verurteilt

Der vierte Aspekt, den ich mit Ihnen hinsichtlich der Steigerung Ihrer beruflichen Leistungen erläutern möchte, ist die Optimierung der Teamstärke. Menschen, die versuchen, ihre Ziele zu erreichen und sich mit aller Macht darum bemühen, ihre Fähigkeiten auszubauen, haben einen starken Hang zu persönlicher Geltungssucht. Es mag zwar bewundernswert sein, wenn man das Ziel hat, sich durch Training zu verbessern. Doch oft verbeißen sich die Menschen derart in ihre persönlichen Ambitionen, dass sie einen Punkt erreichen, an dem sich alles nur noch um sie selbst dreht. Obgleich sie ihr Äußerstes geben, schlagen ihre Bemühungen fehl, und je stärker sie sich bemühen, desto mehr fühlen sich die Menschen in ihrem Umfeld belästigt.

Solche Menschen mögen sich vielleicht fragen, weshalb dem so ist, dass die Menschen ihnen nicht die ihnen gebührende Anerkennung entgegenbringen, obwohl sie sich konstant darum bemühen, sich selbst durch Weiterbildung zu verbessern. Das Problem ist: Ihnen fehlt es an der Rücksicht auf andere – sie denken nur an sich selbst. Wer Pläne allein mit dem

Ziel vorlegt, seinen Ruf zu verbessern, wessen einziger Gedanke darin besteht, dafür gelobt zu werden, eine solch clevere Idee gehabt zu haben, wird niemals gute Arbeit leisten. Selbst wenn sie zahlreiche Pläne vorlegen sollten, werden die Menschen in ihrem Umfeld sie nur als lästig empfinden.

Überlegen Sie, wie das gesamte Team profitieren kann

Heute ist das Internet zur Norm am Arbeitsplatz geworden, und es wird für die Menschen immer normaler, ihre Ideen unmittelbar an die betreffende Person zu senden. Jeder kann eine E-Mail direkt an den Chef eines Unternehmens schicken. Doch selbst wenn dieser Unternehmensleiter behaupten mag, für alle Ideen offen zu sein, muss es eine Art von Filter geben, sonst wird er am Ende 500 E-Mails pro Tag bekommen. Angehörige des Mitarbeiterstabs zeigen eine Tendenz zum Internetmissbrauch. Sie benutzen es während der Arbeitszeit für persönliche Zwecke - etwa, um Kollegen zu fragen, wo sie sich denn zum Mittagessen verabreden möchten.

Wenn Sie nur an sich selbst denken, sobald Sie eine Idee entwickeln, wird das oft nur in Verwirrung enden. Bevor Sie etwas sagen, sollten Sie die Position der anderen Partei betrachten. Wenn Sie beispielsweise einen Plan vorlegen, müssen Sie sich die Frage stellen, ob dies für die andere Seite von Nutzen sein kann. Dadurch werden Sie automatisch erkennen, was weggestrichen werden muss. Selbst wenn der Chef eines Unternehmens am Tag 500 E-Mails bekommen mag, werden mindestens 490 davon für ihn vergeudete Zeit sein. Wenn Sie eine Planung vorlegen, ist daher das Wichtigste daran nicht, dass Sie darüber nachgedacht haben, sondern ob diese Planung für die andere Person auch wirklich nützlich sein wird.

Eine Planung, die aus egoistischen Motiven heraus erstellt wird, wie etwa um Anerkennung zu gewinnen oder Lob zu ernten, wird in den meisten Fällen nicht erfolgreich sein. Doch ein Plan, der nicht auf Entwürfen basiert, um persönliche Anerkennung einzuheimsen, sondern darauf ausgerichtet ist, dass Ihr Chef Erfolg hat und vorwärtskommt, wird viel wahrscheinlicher gut ankommen. Wenn Sie zuerst an andere denken, wird dies oft wie ein Katalysator wirken, der zum Erfolg führt.

Wenn Sie mit Ihrer Arbeit einen „Pluspunkt" ergattern, während all die anderen Menschen in Ihrem Umfeld einen Minuspunkt einfahren, kommt insgesamt ebenfalls ein Minus heraus. Es ist einerseits wichtig, dass Sie persönlich erfolgreich sind, andererseits müssen Sie stets den Rest Ihrer Gruppe, Ihrer Abteilung oder Ihres Unternehmens berücksichtigen und sicherstellen, dass diese ebenfalls von Ihrem Erfolg profitieren können. Tun Sie dies nicht und investieren stattdessen all Ihre Energien in die Bemühung, selbst gut dazustehen, so wird dies dazu führen, dass Sie diejenigen verärgern, die mit Ihnen arbeiten.

Letztendlich muss eine Planung, deren Gesamtergebnis im Minus landet, als gescheitert betrachtet werden. Gleiches gilt für die Weiterbildung. Wenn sich all Ihre Kollegen infolge Ihrer persönlichen Weiterbildung belästigt fühlen, bedeutet das, dass Sie damit einen negativen Effekt erzeugen. Es ist wichtig, dass Sie Ihre Fähigkeiten entfalten, doch nur wenn das Gesamtergebnis zum Wohle aller ist. Sie sollten stets auch den Erfolg des gesamten Teams, mit dem Sie arbeiten, im Auge behalten.

Denken Sie nicht nur an Ihr persönliches Weiterkommen, sondern peilen Sie immer persönliche Erfolge an, die auch zum Erfolg für die Menschen in Ihrem Umfeld führen. Wenn Sie stets darauf bedacht sind, wie Sie dies erreichen können, werden Sie merken, dass Ihre beruflichen Leistungen sich garantiert verbessern.

Drittes Kapitel:

Die vier Prinzipien zur Erlangung menschlichen Glücks

– Liebe, Weisheit, Selbstreflexion und Fortschritt

1
Vier Pfade, um sich von Sorgen zu befreien

Ich habe dieses Kapitel mit der Überschrift „Die vier Prinzipien zur Erlangung menschlichen Glücks“ versehen und werde an dieser Stelle die Prinzipien des Glücks erläutern, die Happy Science lehrt. Doch die Prinzipien des Glücks stellen eine solch umfangreiche Lehre und Theorie dar, dass ich sie an dieser Stelle wahrscheinlich nicht vollumfänglich darstellen kann. Aus diesem Grunde möchte ich mich auf die Grundaussagen konzentrieren und eine einfache Erklärung anbieten, die für Einsteiger leicht verständlich ist und auch denjenigen, die die Wahrheit studieren, eine Sichtweise bietet, die sie nutzen können, um anderen die Wahrheit zu vermitteln.

Die vier Prinzipien, die ich hier vorstellen möchte, habe ich mir nicht einfach so ausgedacht oder erträumt – sie basieren auf meiner persönlichen Erfahrung. Im Übrigen sind diese vier Prinzipien, die ich hier als die „vier Prinzipien zur Erlangung menschlichen Glücks“ bezeichnet habe, in der Tat vier Pfade zur Erleuchtung, oder mit anderen Worten: Es handelt sich um vier Methoden, um uns von Sorgen und Leid zu befreien.

2

So befreien Sie sich von dem Leid, das mit der ewigen Suche nach Liebe verbunden ist: *Das Prinzip der Liebe*

Der Schmerz des Sich-nicht-angenommen-Fühlens

Ich möchte als Einstieg darlegen, wie man sich davon befreit, dass man darunter leidet, ständig überall „nach Liebe zu suchen". Wenn ich mir das Elend anschaue, das in dieser Welt existiert, stelle ich fest, dass viel davon daher rührt, dass die Menschen nicht imstande sind, das zu bekommen, was sie gern möchten. Der Schmerz darüber, dass man das, was man gerne haben möchte, nicht bekommen kann, ist in Wirklichkeit der Schmerz darüber, dass man von anderen nicht geliebt und nicht wertgeschätzt wird. Wenn man sich nicht wertgeschätzt fühlt, leidet man - ob unter emotionalen oder unter körperlichen Schmerzen.

Was das Thema Emotionen angeht, so kann Wertschätzung auch durch die netten Worte, Gedanken oder Handlungen anderer ausgedrückt werden oder durch Respekt beziehungsweise den sozialen Status. Auf der Ebene der materiellen Existenz kann Wertschätzung über Nahrungsmittel oder Kleidung, Einkommen, ein Auto, ein Haus etc. Ausdruck finden. Allgemein gesagt kann man Wertschätzung nicht selbst erlangen, sondern es geht darum, dass man etwas von anderen bekommt. Wenn wir uns zu sehr auf dieses Verlangen versteifen, so führt dies zu Schmerz. Wir können also sagen, dass menschliches Leid meist die Folge dessen ist, dass die Menschen das Gefühl haben, dass sie von anderen zu wenig bekommen.

Manch einer mag denken: „Ich arbeite so schwer, doch mein Gehalt bleibt niedrig!“ Oder: „Ich mache meine Arbeit gut - warum werde ich denn nicht befördert?“ Andere mögen sagen: „Ich arbeite mir die Finger wund, doch mein Partner und meine Kinder schätzen mich in keinster Weise.“ Wieder andere mögen klagen: „Ich widme mich meinen Studien - warum ernte ich denn keine Anerkennung?“ Oder: „Ich arbeite im Büro hart, doch man bietet mir nie Gelegenheit, mein Potenzial richtig zu entfalten.“

Wenn wir nach der Ursache für das Leid der Menschen suchen, erkennen wir, dass es in der Tat die Unzufriedenheit damit ist, wie sie behandelt werden, oder auch die Frustration, die daraus entsteht, dass sie nicht fähig sind, ein besonderes Ziel umzusetzen. In den meisten Fällen haben die Menschen das Gefühl „Obwohl ich mein Bestes gebe, schätzt mich niemand“, oder „Die Leute um mich herum behandeln mich schlecht“. Wenn es sich um ein körperliches Problem handelt, gelingt es den Menschen oft, sich mit ihrer Situation abzufinden. Doch wenn ein emotionales Problem besteht, insbesondere wenn es sich um zwischenmenschliche Beziehungen handelt, ist es schwierig, den Schmerz zu überwinden. Der Grund hierfür ist, dass wir hilflos sind, wenn es darum geht, die Einstellung anderer Menschen zu verändern.

Leider schenken uns die Menschen, nach deren Anerkennung wir uns sehnen, diese nur selten, und die Menschen, von welchen wir geliebt werden möchten, bringen uns oft nur wenig Zuneigung entgegen. Stattdessen schätzen uns diejenigen, die wir gar nicht beeindrucken wollen, sehr, und diejenigen, die wir nicht mögen, verlieben sich in uns. So ist es in dieser Welt immer. Folglich entwickeln sich die Dinge selten so, wie wir es gerne hätten.

Die Wurzel der Unzufriedenheit mit den Eltern bleibt bis ins Erwachsenenalter hinein bestehen

Liebe, besonders im Zusammenhang mit zwischenmenschlichen Beziehungen, bezeichnet die Gefühle, die zwischen Männern und Frauen herrschen. Es gibt auch andere Formen der Liebe. In den meisten Fällen stammt das Leiden, das diese mit sich bringt, aus der verzweifelten Sehnsucht nach Liebe oder aus einer illusorischen Bindung, die in der buddhistischen Lehre abgelehnt wird. Diese entspringt dem Bedürfnis, andere so zu lenken, dass sie tun, was man selbst gerne möchte. Sie kann oft bei der Liebe zu jemandem vom anderen Geschlecht und bei Eltern-Kind-Beziehungen beobachtet werden.

Es kommt häufig vor, dass Kinder möchten, dass ihre Eltern etwas Bestimmtes tun, oder sich wünschen, ihre Eltern hätten mehr Macht. Sind die Kinder erwachsen, so haben sie unter Umständen immer noch das Gefühl, dass ihr derzeitiges Leiden seine Wurzeln darin hat, dass ihre Eltern zu Zeiten ihrer Kindheit keine hohe soziale Position einnahmen. Sie klagen beispielsweise: „Wenn meine Eltern nur reicher gewesen wären", „Wenn meine Eltern nur einen höheren gesellschaftlichen Rang gehabt hätten", „Meine Eltern waren zu ländlich geprägt", „Meine Eltern waren schon alt, als ich geboren wurde" oder „Meine Eltern waren ständig krank". Andere jammern: „Meine Eltern waren geschieden", „Meine Eltern lebten getrennt", „Mein Vater/meine Mutter ist gestorben, ich bin also von einem Alleinerziehenden aufgezogen worden" oder „Mein Vater hatte eine Geliebte – meine Eltern haben deshalb ständig gestritten".

Oft sind die Menschen mit ihren Eltern unzufrieden und bringen verschiedenste Beschwerden gegen sie vor. Selbst als Erwachsene bleibt diese Wurzel ihrer Unzufriedenheit bestehen, und es ist nahezu unmöglich, diese wieder ganz wegzubekommen. Angenommen, Sie beklagen sich im Alter von 20 Jahren, dass Ihre Eltern Sie anders hätten erziehen sollen, doch in diesem Moment ist es schon zu spät, um noch irgendetwas zu ändern. Während der zwei Jahrzehnte, in welchen die Eltern ihre Kinder erziehen, werden die Einflüsse durch die Tendenzen der Eltern zementiert, und der Lebenslauf der Kinder ist weitgehend besiegelt. Wenn sie die Gelegenheit bekommen würden, ihr Leben nochmals von vorne zu leben, so würden die meisten Eltern diese Chance wohl ergreifen. Zu dem Zeitpunkt jedoch, da ihre Kinder erwachsen sind, sind ihre Prägungen in deren Leben erstarrt wie Kleister, und es gelingt ihnen nicht mehr, Veränderungen herbeizuführen. Das Einzige, was Eltern vielleicht sagen könnten, ist: „Es war dein Unglück, dass du ausgerechnet bei uns geboren wurdest", doch dann ist es zu spät. Es ist unmöglich, die Prägung von Kindern durch die Erziehung wieder zu verändern, sobald sie erwachsen sind. Auch wenn die Kinder mit der Art und Weise ihrer Erziehung unzufrieden sein mögen, können sie daher nichts tun, um daran noch etwas zu verändern.

Diese Unzufriedenheit, die man als Kind erfahren hat, drückt sich auf vielfältige Weise aus, wenn Kinder das Erwachsenenalter erreicht haben. Unter Umständen suchen sie die Qualitäten, die ihrer Meinung nach ihren Eltern gefehlt haben, bei ihrem Chef am Arbeitsplatz, in der Hoffnung, dass der Manager oder Leiter des Unternehmens ihr Bedürfnis nach Wertschätzung erfüllen kann. Doch wenn sie das tun, werden sie am Ende in den meisten Fällen die gleiche Unzufriedenheit spüren, die sie gegenüber ihren Eltern empfunden haben. Es wird ihnen nicht gelingen, die Erfüllung zu finden, nach der sie sich so sehr sehnen.

Das ist auch nicht anders zu erwarten. In einem Unternehmen ist ein Sachgebietsleiter, ein Manager oder Geschäftsleiter für das Wohlergehen von zehn, Hunderten oder sogar Tausenden von Mitarbeitern verantwortlich. In der gleichen Weise, wie die Eltern einer Großfamilie versuchen, all ihre Kinder gleich zu behandeln, versuchen auch die Leiter eines Unternehmens, sich fair gegenüber ihrem gesamten Mitarbeiterstab zu verhalten, ohne Einzelne zu bevorzugen. Es würde die Motivation des gesamten Büros beeinträchtigen, wenn der Leiter eines Unternehmens persönliche Sympathien und Antipathien gegenüber Mitgliedern des Personalstabs hegen würde. Daher vermeiden sie dies nach Kräften tunlichst. Folglich ist es vollkommen unerheblich, ganz gleich wie sehr sich ein Mitarbeiter auch darum bemühen mag, die Aufmerksamkeit seines Chefs allein auf sich zu ziehen - diese Bemühungen werden im Allgemeinen vergeblich und höchstwahrscheinlich nicht erfolgreich sein.

Es ist unüblich, dass ein Unternehmensleiter einem Angestellten eine bevorzugte Behandlung oder den Vorzug gegenüber einem anderen Mitarbeiter angedeihen lässt. Sollte dies der Fall sein, so würde die betreffende Person den Neid, die Beschimpfungen und andere Formen von Unfreundlichkeiten von den Kollegen in ihrem Umfeld ernten und infolgedessen mit ziemlicher Wahrscheinlichkeit Rückschläge erleiden. Wenn ein Mitarbeiter mehr als das ihm zustehende Lob zu erhalten scheint, wird dieser oft zur Zielscheibe von Beschimpfungen, Beleidigungen und Klatsch, die ihm das Leben unerträglich machen. Er wird erkennen, dass es, wenn er auf diese Weise behandelt wird, besser gewesen wäre, wenn sein Chef ihn nicht auserkoren und mit seinem Lob bedacht hätte. Obgleich er also eigentlich nach Anerkennung von seinem Chef lechzt, um die mangelnde Zuwendung vonseiten der Eltern zu kompensieren, muss der Betreffende letztendlich aus freien Stücken darauf verzichten, was zu weiterer Unzufriedenheit führt.

Es gibt Menschen, die nicht fähig sind, in der Gesellschaft Anerkennung zu ernten. Dieses Bedürfnis nach sozialer Anerkennung ist im Prinzip eine Sehnsucht nach Anerkennung durch die Eltern. Solche Menschen spüren, dass ihr Vater ihnen nicht genügend Anerkennung entgegengebracht hat, und versuchen, dies später in ihrem Leben auszugleichen, indem sie die Anerkennung bei Autoritätspersonen suchen. Sie möchten, dass die Gesellschaft ihnen zum Ausgleich die Anerkennung bietet, die sie von ihrem Vater nicht erhalten haben. Doch genau wie ihr Vater wird auch die Gesellschaft sie in den meisten Fällen genauso wenig anerkennen. Wenn dies geschieht, verlagern sie ihren Fokus und beginnen, nach der Liebe zu suchen, die sie sich als Kind so sehnlichst von ihrer Mutter gewünscht haben.

Obgleich ein Kind die Anerkennung für das, was es geleistet hat, vom Vater nicht erhalten haben mag, wird es fähig sein, sich weiterhin wohlzufühlen, wenn es von seiner Mutter grenzenlose Liebe erhalten hat und dies genug Ausgleich war. Menschen, die dies in ihrer Jugend erfahren haben, werden feststellen, dass sie, auch wenn sie vielleicht in der Gesellschaft nicht so erfolgreich sein mögen, imstande sein werden, auf andere Weise glücklich zu werden. Viele von ihnen werden ihr Glück in der Familie suchen, wenn es ihnen nicht gelingt, sozialen Erfolg zu erlangen.

Doch es gibt Menschen, die das Gefühl haben, sie hätten während ihrer Kindheit auch von ihrer Mutter nicht genügend Liebe bekommen. Wenn es in einer Familie zwei oder drei Kinder gibt, können die Eltern jedem nur die Hälfte beziehungsweise ein Drittel ihrer Liebe bieten. Wenn ein Kind dann mehr Aufmerksamkeit bekommt, als ihm anteilsmäßig zusteht, werden die übrigen Kinder sich diesem gegenüber diskriminiert fühlen. Es kommt häufig vor, dass Kinder das Gefühl haben, ihr Vater habe ihnen nicht genügend Aufmerksamkeit geschenkt, als sie klein waren. Doch es gibt auch Menschen, die glauben, ihre Mutter hätte ihnen ebenfalls nicht genügend Liebe entgegengebracht, hätte nicht mit ihnen gespielt, hätte sie nicht genügend gelobt und ihnen nicht ausreichend körperliche Zärtlichkeit zuteilwerden lassen. Menschen wie diese werden sich oft auch im häuslichen Umfeld unzufrieden fühlen.

Männer, die als Kind eine liebevolle Beziehung zu ihrer Mutter hatten, werden tendenziell dazu neigen, sich eine liebevolle Frau als Partnerin zu suchen, wenn sie erwachsen sind. Selbst wenn sie unter Rückschlägen in der Karriere leiden, wird ihre Frau daher imstande sein, dabei zu helfen, die Wunden zu heilen. Wer jedoch von seiner Mutter als Kind nicht ausreichend Liebe bekommen hat, wird feststellen, dass er generell unfähig ist, eine liebevolle Partnerin zu heiraten, selbst wenn er sich in seinem Herzen genau danach zutiefst sehnt. Oft verliebt er sich genau in das Gegenteil seines Idols und wählt eine barsche, spitzzüngige Partnerin - den Typ von Frau, der ihn nur noch mehr verletzen wird. Es ist nur natürlich, dass sich solche Menschen dann dennoch verletzt fühlen und unfähig sind zu heiraten. Selbst wenn einige von ihnen doch heiraten, fühlen sie sich trotzdem immer noch verletzt. Sie werden auch zu Hause unter Tiefschlägen leiden und am Ende wieder einfach die gleichen Erfahrungen wiederholen, die sie bereits als Kind gemacht haben.

Menschen, die endlos alles nehmen, sind wie ein Fass der Begierden ohne Boden

Die Wunden im Herzen, die Menschen während ihrer Kindheit zugefügt wurden, wirken sich oft auf unterschiedliche Weise aus, wenn sie das Erwachsenenalter erreicht haben. Dadurch führen sie ein unglückliches Leben. Der Grund hierfür ist, dass manche Erwachsene das Gefühl haben, weil ihr Leben in jungen Jahren unglücklich und undankbar verlief, jetzt nach jemandem zu suchen, der dies ausgleichen soll - jemand, der die Leere in ihrem Herzen füllen soll.

Menschen, die ihr Leben mit diesem Gefühl zubringen, sind wie ein Fass ohne Boden - ganz gleich, wie viel sie auch bekommen mögen, sie fordern immer noch mehr. Selbst wenn sie in der Gesellschaft Lob ernten, reicht das niemals aus. Sie fordern ständig mehr und sagen: „Ich möchte mehr Anerkennung, mehr Lob. Ich möchte schnell eine höhere Position und mehr Gehalt. Ich möchte öffentliche Anerkennung." Ihre Forderungen nehmen kein Ende. Infolgedessen werden ihre Mitmenschen ihrer müde und hören auf, sie zu loben, mit der Folge, dass sie schließlich reizbar und frustriert werden.

Gleiches gilt für zu Hause. Menschen, die nie mit etwas zufrieden sein können, werden unbefriedigt bleiben, ganz gleich wie sehr sich ihr Ehemann oder ihre Ehefrau ihnen widmet. Ungeachtet dessen, wie sehr ihr Partner sich auch einsetzen mag - er wird nie geschätzt werden. Stattdessen werden sie immer das hervorkehren, was ihnen fehlt. Selbst wenn es ihrem Partner gelingt, 99 Prozent all ihrer Forderungen zu erfüllen, werden sie sich auf das verbleibende eine Prozent stürzen und sagen: „Das ist nicht gut genug, du musst dich mehr anstrengen."

Hat ein Mann beispielsweise Erfolg im Büro und wird weit vor seinen Kollegen befördert, so wird sich seine Frau beklagen, dass er jeden Tag spät heimkommt und ständig gereizt ist. Natürlich bedeutet das nicht, dass sie glücklich wäre, wenn er jeden Tag früher nach Hause käme - würde er dies tun, so würde sie sich prompt darüber beschweren, dass er zusehen sollte, schneller befördert zu werden. Die Ehefrau, die ihren Mann dafür kritisiert, dass er spät nach Hause kommt, würde ihn genauso schnell kritisieren, wenn er nicht vorankommen und nicht genügend Geld verdienen würde, oder sie würde einen anderen von einer Million Gründe anführen, falls er früher nach Hause kommen sollte. So tickt diese Art von Menschen - sie hacken ständig auf einem Punkt herum und kritisieren ihren Partner. Doch sobald dieser Punkt beseitigt ist, werden sie einen Grund für die nächste Beschwerde finden. Solche Menschen werden nie zufrieden sein.

Ganz gleich, ob Mann oder Frau, Menschen wie diese sollten sich selbst einmal eingehend betrachten. Sie werden erkennen, dass sie selbst nicht zu einhundert Prozent perfekt sind. Sie sollten sich fragen, ob sie selbst so perfekt sind, dass sie von anderen 100-prozentige Perfektion verlangen können. Sie sollten überlegen, was einen perfekten Mann oder eine perfekte Frau ausmacht und sich fragen, ob es solche Menschen wirklich gibt. Würde es einen Mann beispielsweise zufriedenstellen, wenn er eine berühmte Persönlichkeit wie etwa einen Fernsehstar heiraten könnte? Sollte er tatsächlich eine Berühmtheit aus dem Fernsehen heiraten, würde es ihm aller Wahrscheinlichkeit nach nichts als Leid bringen.

Diese berühmte Frau würde sich mit großer Wahrscheinlichkeit nur damit befassen, wie wundervoll sie im Fernsehen wirken und die Aufmerksamkeit der Menschen auf der ganzen Welt anziehen kann. Daher würde sie wenig Interesse an ihrem Mann haben, keine Zeit mit ihm verbringen können und selten zu Hause sein, auch wenn es Ausnahmen geben dürfte. Aus diesem Grund ist es unwahrscheinlich, dass ein Mann Befriedigung finden würde, falls er solch eine Frau heiraten sollte. Umgekehrt würde eine Frau, die einen Mann heiraten würde, den alle Frauen überall vergöttern, es schwierig finden, wahres Glück zu finden, da sie sich jeden Tag darum Sorgen machen würde, was er gerade so treibt.

Daraus wird auch klar ersichtlich, dass jemand, der selbst nicht perfekt ist, niemals Perfektion bei seinem Partner erwarten sollte. Wenn jemand sagt: „Ich bin Perfektionist und werde niemals glücklich werden, wenn ich nicht dem perfekten Partner begegne", so bedeutet das, dass der Betreffende dem Glück für immer den Rücken zugekehrt hat. In vielen Fällen können Menschen, die dazu neigen, endlos von anderen zu nehmen, nicht erkennen, was sie selbst alles geschenkt bekommen - obgleich sie von ihrem Umfeld jede Menge Liebe erhalten, schauen sie nur auf das, was sie nicht haben können. Infolgedessen werden ihre Partner am Ende einfach ausgelaugt sein, weil ihre Bemühungen, Liebe zu geben, vergebens sind.

Seien Sie dankbar für alles, was Sie erhalten haben

Es ist wichtig, dass Sie erkennen, dass Sie den Gedanken aufgeben sollten, dass Sie selbst nur Glück erlangen können, wenn Sie von anderen etwas bekommen. Wenn Sie einmal angefangen haben zu nehmen, so werden Sie kein Ende mehr finden. Sei es im materiellen Sinne in Form von Gegenständen oder Geld oder im abstrakten Sinne, wie etwa im Hinblick auf die soziale Reputation oder ihre Gesundheit - diese Menschen werden nie zufrieden sein. Sie können nie sagen: „Das ist großartig, das ist perfekt."

In den meisten Fällen sind Sie es selbst, der sich sein eigenes Leiden erschafft. Haben Sie also diese Tendenz, so sollten Sie sich darum bemühen, diese zu überwinden. Ihrem Partner mögen vielleicht ein Prozent oder auch zehn Prozent fehlen, doch anstatt ihm diese zehn Prozent zum Vorwurf zu machen, sollten Sie sich darum bemühen, sich auf die verbleibenden 90 Prozent zu konzentrieren. Erwartet jemand 100 Prozent von seinem Partner, so wird dies letztlich zu einer generellen Missstimmung im Hause führen. Es mag einige geben, die sich darum bemühen, die Perfektion an den Tag zu legen, die ihre Partner von ihnen erwarten. Obgleich es darin münden kann, dass sie zum perfekten Partner werden, kann dies unter Umständen auch zu einer psychosomatischen Erkrankung führen.

Gleiches gilt in Fällen, da ein Schwiegervater oder eine Schwiegermutter 100-prozentige Perfektion von der frischgebackenen Ehefrau ihres Sohnes erwarten. Die junge Dame mag womöglich nach Kräften alles Erdenkliche für sie tun, doch unterschwellig wird in ihrem Herzen Ablehnung schwelen. Anstatt nach einer 100-prozentigen Perfektion bei anderen zu suchen, ist es wichtig, sich darauf zu konzentrieren, was die Menschen gut machen. Wenn Sie dies tun, werden Sie erstaunt feststellen, dass sich Ihre Weltsicht verändert. Hören Sie also auf, ständig etwas von anderen haben zu wollen und sich etwas geben zu lassen, weil Sie glauben, dass man nur glücklich werden kann, wenn man etwas bekommt. Versuchen Sie vielmehr zu erkennen, wie viel Sie geschenkt bekommen, und sehen Sie die guten Seiten Ihrer Mitmenschen, nicht die schlechten. Die Veränderung unserer eigenen Sicht- oder Denkweise ist ein Geschenk an unsere Mitmenschen.

Es gibt Männer und Frauen, die ihr Bestes geben, doch deren Partner beständig wütend sind, weil sie zu 10 Prozent versagen, obwohl sie zu 90 Prozent das leisten, was man von ihnen erwartet. Ihre Partner mustern sie vielleicht und sagen: „Du bist ein guter Mensch, doch ich wünschte, du würdest dir diesen einen Tick abgewöhnen." Er oder sie mag vielleicht denken: „Er/sie ist ein guter Mensch und arbeitet hart. Doch ich wünschte, er würde nicht dieses Haarprodukt benutzen", „Ich kann seinen Bart nicht ausstehen", „Ich kann es nicht sehen, wie ihr eines Auge nach oben schielt", „Dauernd schnarcht er" oder „Sie knirscht nachts mit den Zähnen". Es gibt alle möglichen Dinge, die dieser Art von Mensch missfallen könnten.

Wer sich jedoch auf diese Weise einen einzigen Fehler herauspickt, sucht sich sein Unglück selbst. Wer so etwas sagt, möchte in der Tat unglücklich sein und sucht einen triftigen Grund, um dies auch wirklich zu sein. Menschen wie diese möchten stets sagen können: „Wegen dieser einen Sache kann ich nicht glücklich sein.“ Damit sollten sie tunlichst aufhören. Stattdessen sollten sie versuchen, an ihren Mitmenschen gute Seiten zu entdecken, ihre Denkweise ändern und dankbar für das sein, was sie täglich bekommen.

Beschließen Sie also auf der Stelle aufzuhören, von anderen etwas zu fordern. Überlegen Sie, was Sie schon alles bekommen haben - vielleicht können Sie sich vorstellen, selbst einmal anderen etwas zu geben oder im Gegenzug etwas zurückzugeben. Kommt Ihr Partner beispielsweise jeden Abend spät nach Hause, so gibt es dafür einen Grund. Anstatt sich also zu beschweren, sollten Sie versuchen, ihm Ihre Wertschätzung zu zeigen. Selbst eine kleine Geste wie diese wird viel ausmachen. Ihr Partner weiß nur zu gut, dass Sie seine Entschuldigungen gar nicht anhören werden. Daher wird er nicht allzu viel sagen. Doch wenn Sie Ihre Dankbarkeit und Wertschätzung zeigen würden, würde Ihr Partner Ihnen sein Herz bereitwilliger öffnen und sich Ihnen mitteilen.

Man braucht keinen einzigen Cent, um menschliche Beziehungen zu verbessern

Zunächst ist es wichtig zu erkennen, dass niemand glücklich werden kann, solange er nur darauf achtet, was ihm fehlt, und sich genau danach sehnt. Sie haben bereits eine Menge im Leben bekommen. Beginnen Sie daher, sich für all das zu bedanken, was Sie besitzen. Dabei werden Sie das Bedürfnis empfinden, etwas zurückzugeben, und imstande sein, ein Leben nach dem Motto „Ich gebe auch wieder etwas zurück“ zu führen. Sobald Sie beginnen, anderen etwas zurückzugeben, werden Sie sich auch nicht mehr unglücklich fühlen.

Dies bedeutet nicht, dass Sie das, was Sie bekommen haben, zu 100 Prozent zurückbezahlen können. Doch wenn Sie nur ein einziges Prozent zurückgeben, so werden Sie auch nur ein Prozent Glück ernten. Wenn Sie zehn Prozent zurückgeben, werden Sie entsprechend auch zehn Prozent Glück erhalten. 50 Prozent Einsatz wird Ihnen 50 Prozent Glück bescheren, und 90 Prozent werden Ihnen 90 Prozent Glück schenken. Daher werden Sie feststellen, dass das Unglück sich aus Ihrem Leben verabschiedet und sich das Glück bei Ihnen einstellt, sobald Sie Ihren Blickwinkel ändern und beginnen, Ihre Mitmenschen zu lieben oder ihnen etwas zu schenken.

Niemand ist so glücklich wie diejenigen, die das Glück ihrer Mitmenschen als ihr eigenes Glück betrachten. Diejenigen hingegen, die das Glück anderer als ihr eigenes Unglück betrachten, werden Schwierigkeiten haben, jemals selbst glücklich zu werden. Menschen, die selbst Glück empfinden, wenn sie auch nur das kleinste Quäntchen Glück bei anderen registrieren, haben die richtige Einstellung, um glücklich zu werden.

Der Schmerz, den man empfindet, wenn man von anderen Liebe einfordert, entspringt im Grunde der Unzufriedenheit in persönlichen Beziehungen, weil man glaubt, man bekomme nicht das, was einem zusteht. Doch Sie müssen erkennen, dass Sie, ganz gleich, wie sehr Sie sich nach dem sehnen, was Ihnen fehlt, lediglich einen Teufelskreis schaffen und noch mehr Leid erzeugen. Es ist wichtig, diese Denkweise beiseitezuschieben, Dankbarkeit für die Wertschätzung zu empfinden, die Sie bekommen, und sich mehr darauf zu konzentrieren, was Sie für Ihre Mitmenschen tun können, als darauf, was diese für Sie tun sollen.

Angenommen, Sie würden seit langem Wut gegen Ihren Chef hegen, weil er Ihre Arbeit nicht schätzt. Wenn Sie innehalten und sich selbst fragen, was Sie getan haben, damit er mit seinem Unternehmen vorwärtskommt, und welche Unterstützung Sie ihm dabei geboten haben, werden Sie vielleicht feststellen, dass die Antwort lautet: „Sehr wenig." Nichtsdestotrotz kümmern Sie sich jedoch nur immer um die Tatsache, dass er Ihr Engagement nicht würdigt.

Wenn Sie sich fragen, ob Sie etwas geleistet haben, um ihn beim Weiterkommen zu unterstützen, ob Sie wirklich unter Einsatz all Ihrer Möglichkeiten mit ihm kooperiert haben, wird die Antwort wahrscheinlich lauten, dass Sie, unter diesem Blickwinkel betrachtet, herzlich wenig geleistet haben, auch wenn Sie der Meinung waren, hart gearbeitet zu haben. Ihr Chef wird der Meinung sein, dass Sie sich erst einen Monat vor der Auszahlung der Bonusprämien anstrengen und wieder in Ihre alten Gewohnheiten verfallen, sobald Sie diese erhalten haben. So ist es im Leben - obwohl Sie glauben, Sie würden Ihr Bestes geben, denken die anderen, Sie seien ein purer Egoist, der nur dann arbeitet, wenn er glaubt, davon profitieren zu können, und sich ansonsten niemals anstrengt. Sie werden dies nie wirklich in Erfahrung bringen - Sie werden lediglich feststellen, dass niemand Ihre Beiträge zu schätzen scheint, obgleich Sie Ihr Bestes gegeben haben.

Es ist daher wichtig, dass Sie sich in andere Menschen hineinversetzen und nicht darauf schauen, was Sie selbst bekommen haben oder nicht, sondern vielmehr darauf, was Sie diesen nicht gegeben oder nicht für sie getan haben. Dann sollten Sie dies tief bereuen und beschließen, Ihre Handlungen in der Vergangenheit wiedergutzumachen, indem Sie selbst aktiv werden. Dies ist der Pfad zum Glück.

Es gibt Menschen, die seit vielen Jahren verheiratet sind, die jedoch niemals ein einziges lobendes Wort für all das ausgesprochen haben, was ihr Partner für sie in all der Zeit getan hat. Doch warum zögern sie? Ein Kompliment kostet doch nichts. Hat Ihre Frau beispielsweise ihr Make-up verändert und sieht dadurch attraktiver aus, so machen Sie ihr ein Kompliment.

Kommt Ihr Ehemann zehn Minuten früher nach Hause als üblich, so machen Sie ihm ein Kompliment. Sagen Sie: „Heute hast du es ja geschafft, früher nach Hause zu kommen - du musst hart dafür gearbeitet haben." Daran wird er ablesen, dass Sie glücklich sind, wenn es ihm gelingt, die Stapel schnell von seinem Schreibtisch zu bekommen. Kleine Kommentare wie diese können Wunder bewirken.

Es gibt Menschen, die nur an sich denken und jede Gelegenheit nutzen, um die Aufmerksamkeit auf sich zu ziehen. Doch auf diese Weise kommt niemand wirklich zum Erfolg. Selbst wenn sie manchmal erfolgreich zu sein scheinen, werden sie bald abstürzen. Es ist gang und gäbe, dass Menschen wie diese aus einer zu hohen Position abstürzen - aus einer Position, die sie nicht verdient haben. Sie machen einen selbstsicheren Eindruck. Daher können sie bisweilen durchaus Erfolge erringen. Doch letzten Endes geraten sie ins Straucheln. Die beste Möglichkeit vorwärtszukommen, besteht darin, sich in Bescheidenheit zu üben. Es kostet nichts, in Demut zu handeln. Es ist wichtig, anspruchslos und bescheiden zu sein und sich dabei zugleich zu disziplinieren. Sind Sie nicht bescheiden, sondern zu aggressiv, so werden Sie am Ende böse scheitern.

Persönliche Beziehungen zu verbessern kostet uns keinen Cent - es ist gratis. Alles, was man dazu braucht, ist eine veränderte Lebenseinstellung und einige freundliche Worte. Es mag ein wenig Energie kosten, doch 1 kcal Energie zu investieren ist kein hoher Preis.

So, wie sich jemand an eine Beleidigung zehn Jahre oder mehr erinnert, wird er sich auch an ein Kompliment erinnern. Zehn Jahre können ins Land gehen, und der Betreffende wird sich immer noch über eine Kränkung ärgern. Doch auch die Freude über ein Kompliment hält ebenso lange an. Es erfordert nur einen kurzen Moment, um es auszusprechen, doch die Wirkung wird auf unbestimmte Zeit anhalten. Daran können wir erkennen, dass es nichts kostet, die eigenen persönlichen Beziehungen zu verbessern und diese auf den Pfad des Glücks zu lenken. Es erfordert sehr wenig Einsatz - lediglich eine Änderung der eigenen Einstellung und eine kleine, konkrete Geste guten Willens.

Betrachtet man das Leid in der Welt, so wird deutlich, dass der Großteil davon dem Schmerz entspringt, der durch die Haltung verursacht wird, dass man die Liebe der anderen braucht. Die Menschen denken nur an das, was sie selbst möchten, und dieses Verlangen verursacht Schmerz. Anstelle sich auf das zu konzentrieren, was Sie wollen, sollten Sie überlegen, was Sie anderen schenken könnten. Sobald Sie versuchen, das zu tun, werden Sie feststellen, dass Ihre Sorgen verschwinden. Dies sind Worte der Erleuchtung, die die Kraft haben, Ihnen die Augen zu öffnen.

3

Wenn Sie die Zeit haben, über Ihre eigene Unwissenheit zu jammern, so nutzen Sie diese zum Selbststudium: *Das Prinzip der Weisheit*

Die meisten Menschen machen sich Sorgen über ihre Unwissenheit

Das nächste Thema, das ich diskutieren möchte, trägt den Titel „Wenn Sie die Zeit haben, über Ihre eigene Unwissenheit zu jammern, so nutzen Sie diese zum Selbststudium". Hier geht es um das *Prinzip der Weisheit.* Obgleich dieses Thema extrem kompliziert werden kann, werde ich es hier mit einfachen Worten erklären.

Im zweiten Teil dieses Kapitels habe ich darauf hingewiesen, dass es viele Menschen gibt, die die Tatsache beklagen, dass sie keine Liebe von anderen Menschen bekommen und sich daher unglücklich fühlen. Ich habe erklärt, dass für diese Menschen der Pfad zum Glück im Prinzip der Liebe liegt. Es besagt, dass sie glücklich werden können, indem sie anderen Liebe schenken. In diesem Abschnitt möchte ich nun eine andere Sparte von Menschen betrachten - Menschen, die beklagen, dass es ihnen an Intelligenz fehlt.

Viele glauben, sie seien mit diesem Problem allein. Betrachtet man jedoch die Menschen auf dieser Welt, so ist es Fakt, dass 99,9999999 Prozent der Bevölkerung unter mangelnder Intelligenz leiden. Es ist seltsam, doch da niemand in den anderen hineinschauen kann, glaubt jeder, er sei mit diesem Problem allein. Doch in Wirklichkeit hat es so gut wie jeder.

Betrachten wir beispielsweise einmal akademische Qualifikationen. Es gibt Menschen, die von einigen anderen beneidet werden, weil sie den Abschluss an einer besseren Universität gemacht haben. Wenn Sie jedoch glauben, dass sich diese Menschen für klug halten und auf ihren Intellekt stolz sind, so liegen Sie damit wahrscheinlich falsch. Wer in der Schule gute Leistungen zeigt, neigt nämlich in Wirklichkeit eher zu einem Minderwertigkeitskomplex. Menschen, die nicht studieren, sondern ihr Leben genießen, leiden weniger unter Minderwertigkeitskomplexen. Die Menschen, die im Studium ihr Bestes geben, leiden am meisten, wenn sie feststellen, dass andere ihnen voraus sind.

Sie mögen denken: „Er besucht eine Universität der Spitzenklasse. Er kann keinen Minderwertigkeitskomplex haben. Der Glückliche. Ich studiere an einer zweitklassigen Universität, und das erzeugt bei mir enorme Minderwertigkeitsgefühle.“ Oder: „Ich habe nicht an einer Universität studiert. Ich fühle mich so minderwertig.“ Doch gerade die Menschen, die die besten Universitäten besuchen und sich bis zum Äußersten verausgaben, es jedoch nicht schaffen, herausragende Leistungen zu zeigen, leiden unter den stärksten Minderwertigkeitskomplexen.

Für sie bedeutet eine Stelle hinter dem Komma die Scheidelinie zwischen Genie und Allerweltsmensch, und das kann ihnen gehörige Seelenqualen verursachen. Menschen, die dies nicht erfahren haben, werden sich vielleicht wundern, was das ganze Theater darum denn soll. Doch wer darauf Wert legt, wird auf die kleinsten Nuancen bei Leistungsbewertungen empfindlich reagieren. Aus diesem Grund leiden Studenten, die eine

Elite-Universität besuchen, am stärksten unter Minderwertigkeitskomplexen. Daraus können wir schlussfolgern, dass es schwierig ist, Menschen nach äußeren Kriterien, wie etwa ihrer Schuldbildung, zu beurteilen.

Intelligenz führt nicht automatisch zum Erfolg.

Es ist falsch, die Dinge zu verallgemeinern und zu behaupten, dass all diejenigen, die einen Abschluss an einer Eliteschule absolviert haben und hervorragende akademische Leistungen vorweisen können, glücklich sind. Es beschert diesen lediglich das nächste Problem. Vielleicht mögen sie denken: „Ich war doch in der Schule gut - warum bin ich denn jetzt nicht erfolgreich?“ Oder: „Meine akademischen Leistungen sind hervorragend - warum schätzen mich die Menschen denn nicht mehr?“ Oder: „Ich war gut in der Schule - warum bin ich denn nicht fähig, Geld zu verdienen?“ Sorgen wie diese können ziemlich ernst werden.

Dies ist ein generelles Problem, das man überall beobachten kann. Man kann es wie folgt zusammenfassen: Je besser die akademischen Leistungen sind, die man vorweisen kann, desto weniger Geld wird man verdienen. Menschen, die in der Schule gut waren, werden selten reich. Wer hingegen in der Schule nicht viel gelernt, es jedoch verstanden hat, sein Leben zu genießen, und praktische Erfahrungen gesammelt hat, wird als Erwachsener tendenziell mehr Geld verdienen. Dies mag seltsam anmuten, doch wer sich zu seiner Schulzeit weniger Gedanken um seine Leistungen macht und lieber in Vereinen aktiv ist, nur Teilzeit arbeitet oder Auslandsreisen unternimmt, wird in einem Unternehmen später gut zurechtkommen. Er wird rasch Erfolg haben und oft befördert werden.

Wer sich hingegen seinen Studien hingebungsvoll gewidmet hat, wird oft Wissenschaftler oder Beamter, und seine Verdienstmöglichkeiten sind begrenzter. Beamte werden beispielsweise aus dem Steuereinkommen der Bürger bezahlt. Ihre

Gehälter sind also nach oben hin beschränkt. Würden Beamte mehr verdienen als Menschen auf dem Privatsektor, so würden sich die Menschen über die Steuersätze beschweren. Daher wurden ihre Gehälter niedriger eingestuft. So müssen sich Beamte mit einem niedrigeren Einkommen begnügen. Wenn wir in Japan das Einkommen von Absolventen an Top-Universitäten mit dem von Menschen vergleichen, die in der Privatindustrie arbeiten, so liegen die Einkünfte der Staatsbeamten in den letzten Jahrzehnten nur etwa bei der Hälfte. Auch wenn sie die besseren Studenten gewesen sein mögen, verdienen Menschen mit höherer Bildung nur etwa halb so viel, wenngleich die Situation sich in Japan angesichts der aktuellen Deflation gerade etwas verändert.

Für Professoren gestaltet sich die Situation derzeit sogar noch schlechter. Ich möchte die Lage in meinem Land als Beispiel anführen. Beamte verdienen hier nur etwa die Hälfte dessen, was sie in der freien Wirtschaft verdienen würden, doch sie sind immer noch besser gestellt. Wer in der Schule Klassenbester war und Wissenschaftler wurde, verdient nur ein Drittel dessen, was Menschen auf dem Privatsektor verdienen. Sie klagen: „Während die anderen ihren Spaß gehabt haben, habe ich fleißig studiert. Nach meinem Abschluss habe ich dann an Fortbildungskursen teilgenommen, und dennoch verdiene ich nur ein Drittel von dem, was sie bekommen." Beamte und Wissenschaftler beschweren sich oft, wie unfair ihr Schicksal ist. Doch in Wirklichkeit leisten sie auch weniger als die Menschen auf dem Privatsektor. Daher ist es nur fair, dass sie in Japan weniger verdienen.

In vielen Fällen trifft es zu, dass Professoren an japanischen Universitäten lediglich studieren und eine einzige Examensprüfung ablegen müssen, um die Reifeprüfung fürs Leben bescheinigt zu bekommen, wohingegen Menschen, die auf dem privaten Sektor arbeiten, tagtäglich neuen Tests unterzogen werden. Es ist, als müssten Sie täglich oder wöchentlich ein Examen bestehen. Sie befinden sich in einer völlig anderen Situation als Menschen, deren Zukunft mit dem Bestehen einer einzigen Prüfung lebenslang garantiert ist. Wenn man tagtäglich neu getestet wird, hat man ein viel härteres Leben.

In diesem Zusammenhang ist ein Leben, in dem man täglich neuen Prüfungen unterzogen wird, selbst bei hohem Einkommen viel härter, als das derjenigen, die nur eine einzige Prüfung ablegen oder eine einzige Zulassungsarbeit verfassen müssen, um danach für zehn Jahre ihr Einkommen garantiert zu haben. In Japan muss ein Universitätsprofessor nicht einmal mehr alle zehn Jahre eine neue Arbeit schreiben. Einer meiner Professoren an der Universität hat innerhalb von 17 Jahren lediglich ein einziges Buch verfasst. Es gibt sogar Professoren, die ihre Vorlesungen erst dann veröffentlichen, wenn sie kurz vor der Pension stehen - denn würden sie dies vorher tun, hätten sie keinen Lehrstoff mehr ... Einige Professoren halten ihre Notizen geheim und wiederholen Jahr für Jahr die gleichen Vorträge. Sie haben nichts Neues zu sagen. Wenn sie daher ein Buch veröffentlichen müssten, wäre dies das Ende ihrer Karriere. Sie wiederholen ihre Vorlesungen 30 Jahre lang und bringen dann kurz vor der Pension schließlich ein Buch heraus. Um es ziemlich unverblümt zu sagen: Diese Menschen sind faul und haben keine Gehaltserhöhung verdient.

Wer auf dem Privatsektor arbeitet, muss sich mit Engagement im Beruf einsetzen und mit anderen um die Wette eifern, während Forschung und Entwicklung rasant voranschreiten. Aus diesem Grund ist es nicht zwingend wahr, dass Menschen ohne akademische Bildung immer erfolglos bleiben, während diejenigen, die im Studium gut sind, auch immer Erfolg haben werden. Heutzutage erzeugt das akademische System eine Pyramide. Die überwältigende Mehrheit der Menschen könnte als akademische Versager und weniger als Erfolgsmenschen betrachtet werden. Wenn man sie allein nach ihren Prüfungsergebnissen bewerten würde, könnten 70 bis 80 Prozent der Bevölkerung als Versager bezeichnet werden. Würde man dies als die Messlatte für Glück ansetzen, so würde es bedeuten, dass die Mehrheit der Bevölkerung unglücklich wäre - doch im wahren Leben ist dies nicht der Fall.

Akademische Abschlüsse oder erfolgreich absolvierte Prüfungen sind ein möglicher Maßstab, um die Fähigkeiten eines Menschen zu bewerten. Wenn Sie sich auf der Grundlage dessen, was Sie bereits erreicht haben, weiter bemühen, so wird Sie dies auf dem Pfad zum Erfolg voranbringen. Wenn Sie sich aber einfach zurücklehnen und sich mit Ihren Ergebnissen zufriedengeben, wird dies das Ende Ihres Fortschritts bedeuten, und Sie werden nicht viel zustande bringen. Letztlich werden die Anstrengungen der Menschen, die hart arbeiten und sich bemühen, am Ende von Erfolg gekrönt sein. Aus diesem Grunde sollten Sie akademische Abschlüsse oder Qualifikationen nicht als etwas Absolutes betrachten. Sie müssen erkennen, dass diejenigen, die sich diese erfolgreich erarbeitet haben, möglicherweise mit Schwierigkeiten konfrontiert worden sind, nachdem sie die Schule verlassen haben. Dieses Wissen wird vielleicht diejenigen beruhigen, die gerade durch ihre Prüfungen gefallen sind.

Menschen, die in der Schule überaus strebsam waren, werden nicht verstehen können, wie ihre Klassenkameraden, die ihre Zeit mit Spaß und Spiel verbracht haben, erfolgreich und wohlhabend werden konnten, als sie begannen, ihren Beruf auszuüben. Dies kann zu seelischem Leid führen. Die Menschen jedoch, die sich während ihrer Schulzeit vergnügt haben, betätigen sich heute auf Arbeitsfeldern, die nichts mit Prüfungsinhalten zu tun haben, und werden für Fähigkeiten belohnt, die sich nicht durch irgendwelche Tests bewerten lassen.

In dieser Hinsicht kann man sagen, dass jeder gleichviel Talent erhalten hat - einige sind vielleicht gut im Lernen, andere bei etwas anderem. Wenn Sie das Gefühl haben, Ihnen fehlt es in einem bestimmten Bereich an Fähigkeiten, so werden Sie feststellen, dass Sie eben auf einem anderen Gebiet begabt sind. Man kann unmöglich vorhersagen, in welchem Bereich man geniale Fähigkeiten entdecken wird, doch jeder hat andere Talente.

Hängen Sie nicht dem Irrglauben an, dass Intelligenz vom Schicksal gesteuert wird

Die Menschen neigen dazu zu glauben, dass Intelligenz angeboren ist. Es ist richtig, dass einige Unterschiede zwischen langsamen, aktiven und spritzigen Menschen förmlich ins Auge springen, sogar schon bei Babys. Gleiches kann man auch bei Kindern im Grund- und Hauptschulschulalter beobachten. Aus diesem Grund wäre es falsch zu behaupten, dass Intelligenz nichts mit Vererbung zu tun hat. Es ist unbestritten, dass hier ein Zusammenhang besteht.

Doch wenn jemand stirbt und eine „Note" für sein vergangenes Leben bekommt, beruht diese Bewertung darauf, was der Betreffende nach seiner Geburt getan hat. Weder, was er vorher erreicht hat, noch seine angeborenen Fähigkeiten fließen hierbei ein. Jeder hat einen anderen Ausgangspunkt, doch die Beurteilung basiert auf der Strecke, die eine Person im Laufe ihres Lebens zurückzulegen imstande war. Die Tatsache, dass die Startlinie für jeden von uns an einer anderen Stelle gezogen wurde, lässt sich nicht umgehen – wir beginnen alle mit einer anderen Ausgangssituation. Es wird aber bewertet werden, wie weit wir im Laufe dieses Lebens vorangekommen sind. Es ist wichtig, die Dinge so zu betrachten.

Jedem wird nach der Geburt eine große Anstrengung abverlangt. Der Grad des persönlichen Engagements wird nach dem Gesetz von Ursache und Wirkung bemessen. Das Gesetz von Ursache und Wirkung ist natürlicherweise mit dem Lernen verbunden. Allgemein ausgedrückt kann man umso mehr erreichen, je mehr man lernt. Manche Menschen mögen bemängeln, dass sie keine angeborenen Fähigkeiten haben, oder die erste Hälfte beziehungsweise das erste Drittel ihres Lebens bereuen, weil die meisten um das 20. Lebensjahr herum ihre akademische Bildung abgeschlossen haben.

Um es ganz deutlich zu sagen - wir befinden uns heute in einer Wettbewerbsgesellschaft, und es gibt mehr Verlierer als Gewinner. Trotzdem ist es wichtig zu erkennen, dass Ihr gesamtes Leben elend und unglücklich verlaufen wird, wenn Sie sich als Verlierer abstempeln lassen und nichts dagegen unternehmen. Sollten Sie mit Ihren angeborenen Fähigkeiten hadern, so denken Sie einfach daran, dass es bei der Endbewertung darauf ankommt, in welchem Maße Sie gewachsen sind, in welcher Geschwindigkeit Sie sich weiterentwickelt haben und bis zu welchem Grad Sie sich angestrengt haben. Alles, was aus der Zeit davor stammt, hat mit Ihrem früheren Leben und nichts mit diesem Leben zu tun. Sie werden nur danach beurteilt werden, wie sehr Sie sich in *diesem* Leben bemüht haben. Bitte berücksichtigen Sie diesen Aspekt stets.

Der zweite Punkt, den es stets zu bedenken gilt, ist die Tatsache, dass Genialität es nicht mit Engagement aufnehmen kann. Sie können niemals gegen jemanden ankommen, der sich mit ganzem Einsatz unentwegt um eine Sache bemüht. Selbst Menschen, die als intelligent gelten, werden feststellen, dass sie auf Durchschnittsniveau absinken, sobald sie ein Jahr lang nichts Neues gelernt haben. So einfach ist das. So schwer es ist, sich zu verbessern, so leicht ist es aufzugeben oder ins Hintertreffen zu geraten. Dies hat nichts mit angeborener Intelligenz, Schicksal oder dergleichen zu tun.

Es gibt Kinder, die in Eliteschulen aufgenommen werden, sich jedoch unfähig fühlen, im Unterricht mitzukommen, und allmählich immer mehr vom Weg abkommen. Sie schließen sich kriminellen Schülern an und verursachen ihren Eltern Leid. Dies hat nichts mit dem Schicksal oder der Intelligenz einer individuellen Person zu tun, sondern mit ihren Wertvorstellungen, ihrer emotionalen Einstellung und ihrem Denken gegenüber bestimmten Dingen. Man sollte also nicht glauben, dass Intelligenz etwas vom Schicksal Vorherbestimmtes ist.

Außerdem müssen Sie auch erkennen, dass Intelligenz im akademischen Kontext nicht notwendigerweise identisch ist mit Intelligenz in der Welt der Erwachsenen. Im Wirtschaftsbereich beschränkt sich Intelligenz darauf, dass man die Gesetze des Erfolges kennt. Niemand lernt die Gesetze des Erfolges in der Schule. Man lernt sie weder in der Grundschule noch an einer weiterführenden Schule, ja nicht einmal an der Universität. Was Sie in der Schule gelernt haben, wird Ihnen ein gutes Fundament bieten, auf dem Sie aufbauen können. Doch die Gesetze des Erfolgs kann sich jeder Einzelne nur durch eigene Erfahrung aneignen.

Menschen, welchen es gelungen ist, diese Gesetze zu meistern, werden als „intelligent" im weltlichen Sinne betrachtet. Diejenigen hingegen, welchen es nicht gelungen ist, haben sich leider mit den oberflächlichen Studien befasst - und dies nur, um bessere Noten in den Prüfungen zu erzielen. Ihnen ist es nicht gelungen, die Gesetze des Erfolgs zu erlernen, die sie durch das Studium hätten entdecken können, wenn sie nur danach Ausschau gehalten hätten.

Sie können den Kampf gegen sich selbst gewinnen

Es gibt in der Tat viele Menschen auf der Welt, die Angst haben, im Vergleich zu anderen in Bezug auf Klugheit schlecht abzuschneiden. Solange sich diese mit anderen vergleichen, werden sie am Ende nie als Sieger dastehen. Stattdessen sollten sie ihre Sorge lieber als ein Problem betrachten, das nur sie selbst so sehen. Wenn sie sich mit damals, zum Zeitpunkt ihrer Geburt vergleichen, sollten sie einschätzen können, inwieweit es ihnen gelungen ist, sich im Laufe ihres Lebens zu verbessern.

In diesem Kampf gegen uns selbst, dem absoluten Kampf, hat jeder die Möglichkeit, als Sieger dazustehen. Sie müssen imstande sein zu sagen: „Wenn ich mir die Voraussetzungen, mit welchen ich geboren wurde, und meine Leistungen in der Schule so anschaue, habe ich gute Fortschritte gemacht. Ich habe hart gearbeitet." Im Kampf gegen uns selbst können wir stets der Sieger sein. Im Kampf gegen andere hingegen kann es bisweilen sehr schwer sein, den endgültigen Sieg zu erringen. Selbst wenn einige Menschen an einem gewissen Punkt in ihrem Leben den Sieg davongetragen zu haben scheinen, kann sich später rückblickend zeigen, dass sie am Ende gar nicht gewonnen haben.

In Japan begehen einige der Menschen, die in der Schule Bestleistungen erzielt und einen Ministerialposten in der Regierung bekleidet haben, kurze Zeit später Selbstmord. Die Chance, in einem der Ministerien Japans in einer Eliteabteilung angestellt zu werden, ist sehr gering: Es werden jedes Jahr nur eine Handvoll Studienabgänger eingestellt. Der Prozentsatz an Selbstmördern in dieser Abteilung ist jedoch außergewöhnlich hoch. Die Scheidungsrate ist dort ebenfalls hoch, obwohl es einige Menschen gibt, die imstande sind, eine vorbildliche Familie aufzubauen. Es ist daher schwierig zu sagen, ob man diese Menschen als erfolgreich betrachten kann.

Einer der Gründe, weshalb sie schließlich Selbstmord begehen, liegt darin, dass sie ihr persönliches Potenzial zu hoch einschätzen. Sie haben das Gefühl, sie hätten mehr erreichen können, als sie aktuell tun. Doch in Wirklichkeit sind sie nicht fähig durchzuhalten. Der Schmerz über diese Diskrepanz wird für sie unerträglich. Manche glauben, sie könnten Büroleiter werden, doch dann schaffen sie es nur bis zum Abteilungsleiter oder Untersekretär, während ihre Kollegen viel erfolgreicher sind. Der Schmerz und der Neid, die mit ihrer Enttäuschung einhergehen, werden in ihrem Innern nagen, bis es ihnen scheint, dass der Tod für sie ihrer aktuellen Situation vorzuziehen ist. Es kommt auch vor, dass Menschen durch Schwierigkeiten in zwischenmenschlichen Beziehungen den Lebensmut verlieren.

Es mag verrückt und unsinnig klingen, doch die Welt, in der solche Menschen leben, ist so eingeschränkt, dass der Kampf um Vorrangstellung dazu führen kann, dass der Verlierer den Tod dem Leben vorzieht. Dem ist so, weil seine Weltsicht so stark eingeengt ist und weil er in einer solch kleinen Welt lebt. Seine Definition von Erfolg oder Niederlage hat sich immer mehr verengt. Manchmal ergeht es Menschen, die in der Schule gut waren, am Ende ähnlich.

Dies illustriert, dass es keinen endgültigen Sieg geben kann, wenn man mit anderen im Wettstreit liegt. Am Ende kämpft man gegen sich selbst. Angeborene Intelligenz hat bestimmte Auswirkungen auf das Leben eines Menschen. Es wäre gelogen, wenn man behaupten würde, dass diese völlig irrelevant sei. Doch anstelle sich darüber Gedanken zu machen, müssen Sie die Anzahl der „Punkte“ zählen, die Sie durch Ihre eigenen Bemühungen ansammeln konnten. Konzentrieren Sie sich auf die „Zinsen“, die Sie bisher ansparen konnten, und finden Sie Ihr Glück darin. Wenn Sie imstande sind, sich darüber zu freuen, wie klug Sie geworden sind, werden Sie niemals einen Tiefschlag erleben oder eine Niederlage erleiden.

Wissen schützt vor Niederlagen

Intellekt lässt sich zwar im akademischen Kontext messen, zeigt sich aber auch daran, wie gut eine Person die Gesetze des

Erfolgs verstanden hat und ob sie ein erfolgreiches Leben führt oder nicht. Dies kann man nicht von anderen lernen. Jeder ist mit seinem eigenen Bündel an praktischen Problemen konfrontiert, so dass man unmöglich verallgemeinern und sagen kann: „Wenn man dies tut, wird man Erfolg haben, und wenn man jenes tut, wird man scheitern." Hierbei kann nicht einmal ein Hellseher helfen.

Um es mit einfachen Worten auszudrücken: Menschen versagen nicht, wenn sie Dinge tun, von welchen sie etwas verstehen. Ich möchte Sie daran erinnern, dass Sie niemals versagen werden, wenn Sie etwas tun, von dem Sie viel verstehen. Doch es gibt zu viele Dinge, die Sie unmöglich verstehen können - Dinge, mit welchen andere Menschen bereits Erfahrung haben, von welchen Sie selbst jedoch überhaupt keine Ahnung haben, Dinge, die all Ihre Vorgänger wussten, die Sie selbst jedoch zum ersten Mal erleben.

Wenn Sie mit Unbekanntem konfrontiert werden, wird Ihre Erfolgsrate etwa bei 50 Prozent liegen. Es lässt sich unmöglich voraussagen, ob Sie Erfolg haben werden oder nicht. Werden Sie jedoch mit einer Sache konfrontiert, bei der Sie sich auskennen, wird Ihre Erfolgsquote nicht mehr nur bei 50 Prozent liegen - sie wird wahrscheinlich bei 100 Prozent liegen oder, falls nicht, dann doch zumindest über 90 Prozent. Der Sieg fällt leicht, wenn man die Aussichten auf Erfolg abschätzen kann.

Was Lebenserfahrungen oder die Herausforderungen im Leben betrifft, so sind die meisten Menschen Amateure. Es gibt nur sehr wenige, die es sich zur Aufgabe gemacht haben, die Herausforderungen zu untersuchen, mit welchen man als Mensch im Leben konfrontiert wird. Wer dieses Studium erfolgreich durchlaufen hat, wird niemals versagen. Doch allgemein gesprochen sind mehr als 90 Prozent aller Menschen Amateure. Aus diesem Grund neigen sie dazu, bei Dingen, die ihnen das erste Mal begegnen, aus dem Konzept zu geraten.

Daher ist es wichtig, zunächst einmal in Erfahrung zu bringen, was man selbst wirklich braucht.

Sie mögen sich überlegen, wie Sie das denn herausfinden sollen, doch es gibt viele Möglichkeiten. Zunächst gibt es die Lektüre. Natürlich können Sie auch über das Fernsehen oder Filme Informationen erhalten oder indem Sie Romane lesen oder zuhören, was andere Menschen sagen - es gibt eine ganze Reihe von Möglichkeiten. Am Anfang müssen Sie Informationen finden, auf deren Basis Sie Ihre Entscheidungen treffen können, wenn es um Dinge geht, von welchen Sie nichts verstehen. Sie brauchen Material, das Ihnen bei Ihren Entscheidungen weiterhilft. Wenn Sie dieses finden können, so werden Sie keine Fehler machen.

Dies trifft insbesondere auf Menschen zu, die bei akademischen Studien gut abschneiden, jedoch nicht fähig sind, im praktischen Leben erfolgreich zu sein. Die meisten dieser Menschen besitzen keine Kenntnisse über die negativen Aspekte des Lebens. Dieses Thema wird in der Schulbildung vollkommen außen vor gelassen. Menschen, die sich voll und ganz auf akademische Studien konzentriert haben, werden nicht wissen, welchen Gefahren sie ausgesetzt sein können. Sie werden nichts von folgenden Regeln wissen: „Wenn man in dieser Welt dies tut, wird man scheitern", „Es gibt Menschen auf der Welt, die so denken. Sie können dich womöglich zum Scheitern bringen", „Du tappst in eine Falle, wenn du nicht aufpasst." Sie können durch die Schulbildung kein Wissen über die dunklen Seiten im Leben, den Schmerz, die Rückschläge oder die Desillusionierungen erwerben, die zu erwarten sind.

Manche Menschen haben das Glück und finden einen Weg zum Erfolg, dem sie folgen können, ohne jemals dieser Art von Gefahren ausgesetzt zu sein. Andere jedoch werden in ihrem Leben gezwungenermaßen mit Negativität konfrontiert. Wenn Sie bereits im Vorfeld über diese Dinge Bescheid wissen, werden Sie einen beträchtlichen Vorteil davon haben. Daher ist es wichtig zu wissen, was bestimmte Typen von Menschen in bestimmten Situationen tun oder wie Menschen sich unter bestimmten Umständen normalerweise verhalten.

Ist Geld im Spiel, beispielsweise wenn Sie bei einer Bank arbeiten, so müssen Sie wissen, was passiert, wenn Sie einem bestimmten Typ von Mensch Geld leihen. Sie müssen die Gesetze kennen, die in solchen Situationen herrschen. Wenn ein Unternehmen Ihrer Einschätzung nach auf den Bankrott zusteuert, so müssen Sie imstande sein, genaue Gründe dafür anzuführen, weshalb Sie dies glauben. Vielleicht stellen Sie fest, dass der Geschäftsführer ein zügelloses Leben führt. Dann müssen Sie imstande sein, klar und deutlich zu erklären, wie er auf Abwege gerät, um daraus den Schluss zu ziehen, dass eine Insolvenz sehr wahrscheinlich auch dann drohen wird, wenn Sie ihm einen Kredit zur Verfügung stellen. Es gibt eine ganze Reihe von Gründen. Sind Sie imstande zu erfassen, was eine bestimmte Situation nach sich ziehen wird, so wird Sie das vor dem Scheitern bewahren. Gelingt Ihnen dies nicht, so werden Sie erleben, dass das Geld, das Sie zur Verfügung stellen, verschwinden wird und Sie es nicht mehr zurückbekommen können - mit der Folge, dass dies Ihrer Karriere schadet.

Man muss viele verschiedene Arten von Lebensmustern kennen. Es ist nicht unbedingt möglich, dieses Wissen einfach durch Lektüre zu erwerben. Sie werden auch mit Menschen reden und sich deren Erfahrungen anhören müssen, um die verschiedenen Aspekte des Lebens zu verstehen, auch die düsteren. Menschen, die etwas Gutes erreichen möchten, müssen auch die Finsternis kennen. Menschen, die die Stärke besitzen, das Böse zu bekämpfen, haben auch die Stärke, Gutes zu tun. Unwissenheit ist der Nährboden für das Böse. Wenn Sie das Böse kennen und imstande sind, es zu erkennen, wird es niemals Gelegenheit haben, sich zu manifestieren.

Es gibt auch Menschen in dieser Welt, die versuchen, andere in die Falle zu locken und zu betrügen. Selbst wenn es nicht absichtlich geschieht, kommt es vor, dass Menschen sich darauf verlegen, wenn sie sich in bestimmten Situationen befinden. Sie müssen dies sorgsam studieren – das ist eine Methode, um ein Scheitern zu vermeiden und ein Leben im Glück zu führen. Es gibt Menschen, die Böses tun. Sie daran zu hindern, dies zu tun, ist ebenfalls eine Form des Guten. Gute Menschen laufen gern Gefahr zu scheitern. Wenn sie es jedoch zulassen, dass das Negative um sich greift, sind sie nicht mehr länger gut. Indem sie zulassen, dass sich das Negative ausbreitet, werden gute Menschen zu Komplizen der Finsternis.

Aus diesen Gründen müssen Sie Ihre Interessengebiete ausweiten und die Quellen der Finsternis im Leben sowie die Ursprünge von Korruption, Scheitern und Rückschlägen sorgsam studieren. Persönliche Erfahrungen sind von Natur aus beschränkt. Doch wenn Sie Ihre Freunde, Eltern, Geschwister, Verwandten und Bekannten eingehend beobachten, so werden Sie jede Menge Stoff zum Studieren entdecken. Fragen Sie sich, warum Menschen scheitern, was sie auf den falschen Weg führt und was Menschen dazu führt, vom rechten Weg abzukommen. Wenn Sie Ihre Augen offen halten, werden Sie genügend Material finden, um dies zu studieren.

Es gibt viele Situationen, in welchen Sie triumphieren können, falls Sie über genügend Wissen verfügen. Fehlt es Ihnen jedoch an Wissen, so werden Sie schon vom ersten Windhauch umgeblasen. Auch in diesem Sinne gilt: Wissen ist Macht. Diesen Bereich müssen Sie unbedingt eingehend studieren. Ich habe bereits weiter oben gesagt, dass Sie sich im akademischen Kontext nicht allzu viele unnötigen Gedanken über mangelnde Fähigkeiten zu machen brauchen. Doch zugleich möchte ich auch sagen, dass Menschen selten scheitern, wenn sie etwas tun, worüber sie Bescheid wissen. Es ist daher wichtig, sich zu bemühen, so viel wie möglich zu lernen.

Fazit: Falls Sie die Zeit haben, über Ihr mangelndes Wissen zu klagen, so sollten Sie diese Zeit lieber auf Studien verwenden und sich bemühen, Informationen zu sammeln, die es Ihnen ermöglichen, konkrete Entscheidungen zu treffen. Auch dies ist ein Pfad zum Glück.

Was das Management betrifft, so rühren die Probleme in diesem Bereich fast alle von der verantwortlichen Person her. Eine Person, die ein Unternehmen leitet, kann es in den Abgrund stürzen, während es florieren würde, wenn man die Verantwortung für das gleiche Unternehmen einer anderen Person übertragen würde. Dies ist eine bekannte Tatsache. Das Problem ist jedoch, dass die Person, die ein Unternehmen zerstört, im Allgemeinen nicht verstehen kann, warum dieses insolvent wird, und einfach blind weitermacht. Solche Menschen tun dies, weil sie aus den Erfahrungen oder dem Wissen anderer nicht genügend gelernt haben - sie wissen es nicht besser.

Anstelle sich über die Vergangenheit oder darüber, welche Talente man denn nun von Geburt an besitzt, Gedanken zu machen, ist es viel besser, mit einer positiven Einstellung fleißig zu arbeiten, um sich den Pfad zum Erfolg zu ebnen.

4

Selbstreflexion löst negative geistige Einflüsse auf: *Das Prinzip der Selbstreflexion*

Über die Hälfte der Menschen lebt heute unter negativen geistigen Einflüssen

Der dritte Pfad, den ich gern vorstellen möchte, ist die Selbstreflexion. Sie kann negative geistige Einflüsse auflösen. Dies ist etwas, was Menschen, die kein Wissen über die geistigen Dinge haben, nur schwer glauben können, doch es ist die Wahrheit.

Ich habe zu Beginn dieses Kapitels erklärt, dass Menschen, die leiden, weil sie sich nach Liebe von anderen sehnen, glücklich werden können, wenn sie anderen ihre Liebe schenken. Daraufhin habe ich das Prinzip der Weisheit angesprochen und erklärt, dass Sie die Zeit, die Sie damit verbringen, über Ihre Unwissenheit zu jammern, besser nutzen sollten, indem Sie anfangen, Dinge zu studieren, und dass die Ansammlung von Wissen zum Sieg im Leben führen wird. Beide Methoden können Sie ganz allein für sich selbst, ohne fremde Hilfe, beginnen. Es gibt zwei Wege zum Glück, die Sie gut allein begehen können. Man kann diese auch als Pfade der Erleuchtung bezeichnen. Erleuchtung muss man ganz entschieden und bewusst suchen. Die Reise startet bei Ihnen, und die Selbstreflexion ebenfalls.

Einer der Gründe, weshalb es den Menschen nicht gelingt, erfolgreich zu sein, sondern stattdessen einen Pfad zur Niederlage zu beschreiten, sind Störungen aus der geistigen Welt, das Werk von verirrten Geistern. Menschen, die zu Lebzeiten nicht an den Himmel oder die Hölle oder – falls doch – an eine fehlgeleitete Religion geglaubt haben, haben nach ihrem Tod oft große Schwierigkeiten, wieder in den Himmel zurückzukehren. Einige von ihnen merken, dass sie zur Hölle fahren. Doch für gewöhnlich versuchen sie, in der einen oder anderen Form in dieser Welt zu bleiben. Menschen, die nicht an eine Welt nach dem Tod geglaubt haben oder dies zwar taten, aber nicht in den Himmel zurückkehren konnten, haben das starke Verlangen, in dieser Welt zu bleiben, weil sie in Wirklichkeit nicht sterben wollen.

Es gibt nur zwei Möglichkeiten, wie die verirrten Geister in dieser Welt bleiben können. Eine besteht darin, eine Person zu besetzen, und die andere, an einem bestimmten Ort zu spuken. Sie spüren eine solch starke Bindung zu dieser dreidimensionalen Welt der Materie, dass sie diese nur sehr ungern verlassen. Es ist Fakt, dass Menschen, die von solchen Geistern besetzt sind, feststellen, dass ihr Leben eine scharfe Wendung ins Negative nimmt. Es ist zwar nicht gut, Menschen unnötig Angst oder Furcht einzujagen, indem man über „Besetzung durch Geister“ und „Verfluchungen“ redet, doch Störungen aus der geistigen Welt sind eine Tatsache im Leben.

Ich kann keine präzisen Angaben machen, weil es keine aktuellen Statistiken gibt, doch man liegt bestimmt nicht weit von der Wahrheit entfernt, wenn man sagt, dass mehr als die Hälfte der Menschen, die in unserer modernen Gesellschaft leben, zu einem gewissen Grad negativen Einflüssen aus der geistigen Welt ausgesetzt ist. In vielen Fällen wird ein Mensch von einem oder sogar von zwei Geistern beeinflusst.

Jemand, der besessen ist, wird ähnliche Charaktermerkmale aufweisen, wie der Geist, der ihn besetzt. Er wird die gleichen

Wertvorstellungen, Weltanschauungen und Verhaltensmuster an den Tag legen, bis es schwierig wird auszumachen, wer die Oberhand hat. Irgendwann ist es unmöglich, den einen vom anderen zu unterscheiden. Jemand, der besetzt wird, entwickelt mit der Zeit die gleichen Gewohnheiten wie der betreffende Tote. Er zeigt das gleiche Verhalten und schlägt am Ende sogar den gleichen Weg in den Ruin ein. Es ist beängstigend mitanzusehen, mit welcher Regelmäßigkeit dies geschieht.

Nachdem ein Mensch sich auf eine bestimmte Weise selbst zerstört und in den Tod getrieben hat, kommt es daher manchmal vor, dass ein anderes Familienmitglied oder ein Verwandter exakt den gleichen Fehler begeht, wenn er nicht aufpasst. Dies hat nichts mit Schicksal oder Bestimmung zu tun - es ist der Einfluss des Geistes, der nicht in den Himmel zurückgekehrt ist. Daher müssen Sie wachsam sein, was dies betrifft. Wenn Sie das Gefühl haben, dass sich in Ihrem Geist die gleichen Tendenzen zeigen und Sie wahrscheinlich mit einem Geist dieser Art in Resonanz stehen, so müssen Sie mit aller Kraft versuchen, dies abzustellen.

Wie verändert sich ein Mensch, wenn er unter negative geistige Einflüsse gerät? Das offensichtlichste Zeichen ist, dass er beginnt, unter starken Stimmungsschwankungen zu leiden, insbesondere wenn er schnell aufbraust und zu impulsiven Wutanfällen neigt. Wenn jemand besetzt ist, dreht sich sein Weltbild um 180 Grad, und er lebt in einer verkehrten Welt. Ich habe weiter oben davon gesprochen, wie man umschwenken und lernen kann, Liebe zu geben, statt zu nehmen. Ein Mensch, der besessen ist, verliert jegliche Bereitschaft, etwas zu geben.

Wer unter negative spirituelle Einflüsse geraten ist, leidet stets unter Schmerzen, Verfolgungswahn und klagt beständig über die Menschen in seinem Umfeld. Er ist gegen alles und kritisiert schnell jeden, der glücklich ist oder dem es gut geht. Zugleich unternimmt er nichts, um sich selbst oder anderen zu helfen. Er sieht an anderen nur deren schlechte Seiten und hält jeden für seinen Feind. Dann beginnt er allmählich zu spüren, dass er nicht mehr er selbst ist, dass er fremdgesteuert ist, und merkt, dass sein Leben von einem Extrem ins andere umschlägt. Wenn er an Schlafmangel leidet oder bis zur Bewusstlosigkeit zum Alkohol greift, wird er mit der Zeit unfähig, sich von selbst von dieser Art geistiger Einflüsse zu befreien.

Die einfachste Waffe gegen negative geistige Einflüsse ist die Selbstreflexion

Ein wichtiges Instrument, um zu vermeiden, unter negative geistige Einflüsse zu geraten, ist der gesunde Menschenverstand. Es ist wichtig, den eigenen Verstand fest unter Kontrolle zu halten. Werden Sie auf negative Weise geistig beeinflusst, so werden Sie feststellen, dass Sie unter heftigen Stimmungsschwankungen leiden. Geschieht dies, so müssen Sie sicherstellen, dass Sie ausreichend Schlaf erhalten, auf Ihre Gesundheit achten und in guter körperlicher Verfassung bleiben.

Neben einer guten körperlichen Verfassung, die unabdingbar ist, gibt es noch weitere Waffen, die Sie im Kampf gegen negative geistige Einflüsse einsetzen können. Die einfachste Waffe ist die Selbstreflexion. Sind Sie unter einen negativen geistigen Einfluss geraten, so sollten Sie nicht den Geistern, die Sie negativ beeinflussen, die ganze Schuld zuschieben. Wenn Sie bereits seit einiger Zeit besetzt werden, dann liegt das auch daran, dass Sie selbst eine bestimmte Neigung haben, die diese anzieht. In Wirklichkeit kämpfen Sie nicht gegen verirrte Seelen, sondern Sie befinden sich in einem „inneren Kampf gegen das Böse".

Wie in der Geschichte von Shakyamuni Buddha, der den Teufel bezwingt und die Erleuchtung erlangt, werden auch Sie merken, dass Sie ständig den Angriffen des Bösen ausgesetzt sind, weil etwas in Ihnen dieses anzieht. Wenn Sie der letzten Versuchung gegenüberstehen, werden verirrte Geister jede Möglichkeit der Täuschung ergreifen, um sich in Ihr Herz einzuschleichen.

Gelingt es Ihnen, Ihre geistigen Schwächen zu überwinden, so werden Sie feststellen, dass die Geister Sie nicht mehr besetzen können, und sie werden plötzlich von selbst abfallen. Wenn sich verirrte Seelen an eine Person klammern, so tun Sie dies so fest wie ein Stecker, der in eine Steckdose gesteckt wird, und sie verdoppeln damit die Müdigkeit und die Angst der betreffenden Person. Diese Geister lieben nichts mehr als den Umstand, dass ihr Wirt besorgt ist oder leidet. Sie denken: „Er soll noch mehr leiden," „Ich will ihn in den Wahnsinn treiben, damit er sich selbst umbringt." Oder: „Ich will sein Leben irgendwie zerstören." Das ist ihre Methode, um uns zu schaden.

Oft treiben sich solche Geister an Orten herum, die für Selbstmorde beliebt sind. Besucht jemand, der die gleichen Sorgen hat, einen solchen Ort, so kann sich ein solcher Geist in sein Herz stehlen. Der Betreffende wird es dann dem Geist nachtun und auf die gleiche Weise Selbstmord verüben. Er wird das Opfer eines erdgebundenen Geistes. Aus diesem Grund ist es empfehlenswert, sich nicht an Orten aufzuhalten, an welchen viele Menschen gestorben sind. Es ist keine gute Idee, solche Plätze zu besuchen, auch nicht als Mutprobe – bleiben Sie solchen Plätzen einfach fern.

Sie können von einem Geist besetzt werden, der mit einem bestimmten Ort in Verbindung steht, aber auch von einem, mit dem Sie zu seinen Lebzeiten auf freundschaftliche Weise verbunden waren. Geister, zu welchen Sie eine Beziehung haben, werden es einfach haben, sich Ihnen zu nähern. Aber auch Geister, die in keiner Beziehung zu Ihnen stehen, werden sich Ihnen nähern, wenn sie das Gefühl haben, dass Sie die gleiche

Wellenlänge haben wie diese. In der geistigen Welt gibt es die Vorstellung von höflicher Distanz nicht. Wenn Sie also auf deren Wellenlänge sind, werden sie von überall her angezogen. Wenn Sie merken, dass Ihr Herz mit der Hölle in Resonanz steht, so tun Sie zunächst alles, was in Ihrer Macht steht. In dieser Situation wird Ihnen Selbstreflexion als Waffe dienen.

Anhaftungen sind die Ursache für Störmanöver aus der geistigen Welt

Buddhistische Lehren warnen immer wieder vor sogenannten „Anhaftungen", dem Hauptgrund, weshalb man negativen geistigen Einflüssen ausgesetzt ist. Menschen haben die Neigung, sich von Dingen fesseln zu lassen, die ihre Wurzeln in der dreidimensionalen Welt haben. Wenn Sie sich von etwas in dieser Welt fesseln lassen, nach dem Motto „Ich will dies und das", so werden Sie feststellen, dass Ihnen dies zu einer Quelle von Kummer wird. In den meisten Fällen wird dieser Kummer zu verirrten Geistern weitergeleitet.

Ist Ihnen bekannt, was Sie fesselt, so ist die Lösung einfach. Wissen Sie nicht, worauf Sie fixiert sind, so fragen Sie sich selbst, woran Sie tagsüber am meisten denken, wenn Sie entspannt sind und sich auf nichts Bestimmtes konzentrieren. Gibt es etwas Bestimmtes, worauf Sie immer wieder zurückkommen und woran Sie immer wieder denken müssen, etwas, das in Ihren Gedanken auftaucht, so ist dies eine Anhaftung. Wenn es immer wieder unzählige Male in Ihrem Kopf auftaucht, wenn Ihnen plötzlich bewusst wird, dass Sie immer wieder daran denken, so bedeutet dies, dass es Ihren Geist stark beschäftigt.

Diese Anhaftung mag sich auf ein Ereignis in der Vergangenheit beziehen. Vielleicht stellen Sie plötzlich fest, dass Sie daran denken müssen, dass Sie als Kind von Ihrem Vater oder

Ihrer Mutter missbraucht wurden, oder Sie denken an einen Liebespartner von früher, der sich von Ihnen getrennt hat, an einen Streit, den Sie mit Ihrem Chef in der Arbeit oder auch nur mit Ihren Kindern gehabt haben. Wenn Sie erkennen, dass Sie immer wieder an das Gleiche denken - und das nicht nur während eines einzigen Tages, sondern jeden Tag -, so handelt es sich um eine Anhaftung. Natürlich kann Ihnen das dabei behilflich sein, ein Ideal zu erreichen. Wenn Sie jedoch glauben, dies sei der Fall, dann müssen Sie ganz sicherstellen, dass dies wirklich um des Ideals willen ist und nicht nur etwas, was zur Quelle von Schmerz werden wird. Solche Anhaftungen benutzen verirrte Geister nämlich, um an Menschen anzudocken. Zweifellos werden sie sich an solchen Stellen einschleichen. Daher muss jegliche Anhaftung ausgemerzt werden.

So merzen Sie Anhaftungen aus

Wie müssen Sie also vorgehen, um Anhaftungen auszumerzen? Wie ich bereits weiter oben erwähnt habe, besteht eine Methode darin, Ihre Haltung von Nehmen auf Geben umzustellen. Wenn Sie nur darüber nachdenken, wie dumm Sie sind und dass Sie an einem starken Minderwertigkeitskomplex leiden, so denken Sie um und sagen Sie sich, dass Sie Ihre Zeit nicht mit unnützen Gedanken vertun möchten, sondern diese für Studien sinnvoll nutzen müssen. Dies ist eine weitere Technik.

Sie könnten sich selbst sagen: „Alles ist vergänglich. Dreidimensionale Dinge sind lediglich Teil der dritten Dimension. Diese werde ich eines Tages verlassen. Am Tag des Jüngsten Gerichts zählt nur eines wirklich - der Sieg der Seele." Dies ist eine Methode, wie Sie zum Sieger werden können. Sagen Sie zu sich selbst: „Letztendlich gibt es nur den Sieg der Seele. Eine Niederlage in dieser Welt bedeutet nicht eine Niederlage im

Leben. Es kommt nicht darauf an, was die Leute, die Gesellschaft, meine Eltern oder Geschwister wohl sagen werden - dies sind lediglich Meinungen von dieser Welt. Sie haben nichts mit dem letzten Sieg oder der Niederlage im Leben zu tun. Die größte Herausforderung im Leben besteht darin, ob die Seele den Sieg erringen wird oder nicht.“ So wird es Ihnen möglich sein, Ihre Anhaftungen auszumerzen, indem Sie überlegen, wie Sie den Sieg im Leben aus der Perspektive des Reiches erlangen können, das hinter dieser dreidimensionalen Welt liegt. Sobald es Ihnen gelungen ist, diese Anhaftungen zu beseitigen, wird es Ihnen möglich, den Kampf mit verirrten Geistern aufzunehmen.

Sind Sie negativen geistigen Einflüssen ausgesetzt, so werden Sie sich gegenüber anderen Menschen sehr schlecht fühlen und die ganze Zeit schlecht über diese reden. Es werden beleidigende Worte über Ihre Lippen kommen. Wenn Sie feststellen, dass Sie sich so verhalten, so fragen Sie sich, ob das wirklich Sie selbst sind, der diese Dinge sagt, oder ob Sie von einem Geist besetzt sind. Wird diese schlechte Haltung zur Gewohnheit, so bedeutet dies in vielen Fällen, dass Sie unter dem Einfluss eines Geistes aus dem Ashura-Reich stehen - der Hölle der Zerrissenheit.

In diesem Fall sind Sie vielleicht nicht direkt von einem Geist besetzt, sondern haben nur einen Geist von einem anderen Familienmitglied übernommen. Wenn Ihre Ehefrau/Ihr Ehemann oder ein Elternteil extrem grobe Schwingungen entsendet und ständig auf Streit aus ist, so ist es möglich, dass der Geist, der diesen Menschen besetzt, von dieser Person auf Sie überspringt und bei Ihnen andockt. Davor müssen Sie auf der Hut sein. Achten Sie darauf, dass Sie nicht selbst zu Wutanfällen neigen oder beständig vor sich hinjammern. Menschen, die sich dauernd beklagen und leicht aus der Haut fahren, stehen infolge ihrer Unzufriedenheit mit ihrem Umfeld oder aus irgendeiner Frustration heraus generell unter einem negativen geistigen Einfluss.

Wenn Sie der Meinung sind, diese Beschreibung passt auf Sie, so ändern Sie Ihre Grundhaltung und schenken Sie Liebe, anstelle diese nur zu fordern. Hören Sie auf, stets nach Lob zu heischen und beständig darauf aus zu sein, dass andere Ihnen etwas schenken könnten. Denken Sie stattdessen darüber nach, was Sie ihnen schenken oder für sie tun könnten. Wenn Sie es mit etwas zu tun haben, das Sie aus eigener Kraft nicht verändern können, so nehmen Sie dieser Angelegenheit gegenüber eine neutrale Haltung ein. Es ist wichtig, dass Sie zu sich selbst sagen können „Die Dinge dieser Welt gehören lediglich zu dieser Welt" und dass Sie diese an sich abprallen lassen, ohne die Kontrolle über Ihre Gedanken zu verlieren. Leben Sie mit reinem Herzen und streben Sie ohne Anhaftungen vorwärts - wie ein Fluss, der dahinströmt.

Es ist viel besser, wenn Sie denken „Was vorbei ist, ist vorbei" und Ihnen bewusst ist, dass es keine Möglichkeit gibt, das, was einmal geschehen ist, noch zu verändern. Die Zukunft hingegen kann man sehr wohl verändern. Darauf sollten Sie sich auch konzentrieren. Sie mögen vielleicht bereuen, was in der Vergangenheit geschehen ist. Sobald Sie jedoch Ihre Missetaten bereut haben, sollten Sie Ihr Augenmerk nicht mehr allzu sehr auf Dinge richten, die durch Reue und Buße nicht zu ändern sind. Es ist nicht gut, solche Dinge künstlich größer zu machen, als sie sind. Genießen Sie dieses Leben einfach in vollen Zügen, und achten Sie auf die Lektionen, die es bereithält, um Ihnen das Leben in zukünftigen Inkarnationen zu erleichtern.

Ist es Ihnen gelungen, einen Geist, der Sie besetzt hat, durch Selbstreflexion abzuschütteln, so werden Sie spüren, wie er von Ihnen abfällt, wie eine Tapete von der Wand. Ein Geist hat kein Eigengewicht. Doch wenn Sie besetzt sind, fühlt sich

Ihr Körper schwer an. Sie fühlen sich schwerfällig und befinden sich in schlechter Verfassung. Es ist, wie wenn Sie an einem verregneten Tag in der Hauptverkehrszeit mit einem überfüllten Zug fahren würden: Die Atmosphäre ist bedrückend, Sie fühlen sich abgespannt und müde und haben keinerlei Motivation, irgendetwas zu tun - genau so fühlt es sich an, wenn man besetzt ist.

Fällt diese Besetzung jedoch von Ihnen ab, so wird sich Ihr Gesicht leicht röten. Solange Sie besetzt sind, wird Ihr Gesicht blass oder dunkel erscheinen und sogar vom Schatten des Todes gezeichnet sein. Doch dies wird verschwinden, und Ihre Haut wird sich leicht röten. Dann wird Licht in Ihren Körper strömen, und Sie werden Hitzewallungen spüren. Ihre Durchblutung wird sich verbessern, und ein Gefühl von Wärme wird Sie durchfluten. Auch wird sich Ihr Körper wundervoll leicht anfühlen. Bis dahin haben Sie das Elend von einem, zwei oder drei Geistern in Ihrem Rücken gespürt, und das war eine schwere Last. Der Mensch ist im Grunde ein geistiges Wesen. Werden Sie daher von der Besetzung durch einen Geist erlöst, so werden Sie ein Gefühl der Befreiung verspüren.

Was Sie allerdings unbedingt wissen sollten, ist die Tatsache, dass der verirrte Geist wieder zu Ihnen zurückfinden wird, auch wenn es Ihnen gelungen ist, ihn abzuschütteln, sollten Sie weiterhin die gleichen Sorgen in sich nähren. Aus diesem Grunde ist es wichtig, dass Sie, sobald Sie einen Geist losgeworden sind, der Sie besetzt hatte, danach streben, eine positive Lebenseinstellung einzunehmen. Sie müssen sich darum bemühen, dass Ihre Eigenschwingungen nicht mit den Schwingungen von verirrten Geistern in Resonanz treten. Ist es Ihnen gelungen, diese Geister dank Selbstreflexion abzuschütteln, so führen Sie ein positives und konstruktives Leben, um sicherzustellen, dass Ihre Wellenlänge nicht mit der Wellenlänge in Resonanz geht, die dem Leid der Geister entspricht.

Eine Besetzung durch Geister ist keine Frage der Intelligenz

Ob ein verirrter Geist einen Menschen besetzt oder nicht, hat überhaupt nichts mit der Intelligenz der betreffenden Person zu tun. Manch einer mag denken, dass verirrte Geister lieber eine dumme Person besetzen als eine kluge, doch das stimmt nicht. Im Grunde hat dies mit dem Charakter des Betreffenden zu tun - es hängt von seiner individuellen Persönlichkeitsstruktur ab. Diesen Geistern wird es schwerfallen, in jemanden einzudringen, der einen guten Charakter besitzt. Es wird ihnen jedoch leichtfallen, jemanden zu besetzen, der gegenteilig veranlagt ist.

Ich habe einmal ein Buch über eine anonyme Diskussion zwischen Beamten gelesen, die für ein Ministerium der japanischen Regierung gearbeitet haben und als intellektuell gelten. Es war ein Gespräch unter drei von diesen Beamten. Alle standen sie unter dem Einfluss von Geistern aus dem Ashura-Reich, der Hölle der Zerrissenheit. Während der Lektüre des Buches überfiel mich plötzlich ein absolutes Gefühl des Missbehagens, und ich konnte einen halben Tag lang nichts mehr arbeiten. Während sie eifrig in ihrem Büro gearbeitet haben, müssen sie unbemerkt diese geistige Störung angezogen haben. Sobald sie einen Raum betraten, entstand darin umgehend eine bedrückende Stimmung. Wer sich darin aufhielt, fühlte sich umgehend schwerfällig, als würde etwas an seinem Körper kleben. Daher hat die Besetzung durch Geister also nichts mit Intelligenz zu tun.

Menschen, die extrem aufbrausend geworden oder über die Maßen aggressiv sind, werden merken, dass sie von Geistern aus der Hölle der Zerrissenheit besetzt sind und geistig beeinträchtigt werden. Ist dies der Fall, so begehen sie Selbstmord, oder sie fangen an - falls sie stärker sind - die Mitmenschen in ihrem Umfeld immer wieder zu bedrängen.

Ob jemand unter dem geistigen Einfluss eines verirrten Geistes oder seines Schutzwesens steht, hat nichts mit Intelligenz im irdischen Sinne zu tun. Es ist vor allem der Charakter einer Person, der der Auslöser dafür wird, dass sie befallen wird. Anders ausgedrückt: Emotionale Stabilität und eine unerschütterliche Lebenseinstellung sind eng miteinander verbunden. Es ist falsch zu glauben, dass die Dummen von verirrten Geistern besetzt werden können, während die Klugen unter dem Einfluss hoher Geistwesen stehen. Der einzig ausschlaggebende Faktor ist der Charakter einer Person.

Es ist auch wichtig, dass man erkennt, dass Intelligenz ebenso wenig mit Sorgen zu tun hat. Sorgen treffen Menschen, ob diese intelligent sind oder nicht. Dies trifft besonders zu, wenn es um persönliche Empfindlichkeiten geht. Es heißt beispielsweise, dass die Intelligenz bei Problemen zwischen Mann und Frau irrelevant ist - ungeachtet der Frage, ob die Betreffenden über einen IQ von 100 oder 200 verfügen, tauchen Schwierigkeiten generell überall auf. Menschen sind bei emotionalen Problemen empfänglich für Störungen durch Geister. Seien Sie also auf der Hut! Eine Besetzung ist in hohem Maße vom angeborenen Charakter einer Person abhängig. Sie müssen sich also selbst objektiv betrachten und notfalls die Kontrolle über Ihren Geist übernehmen.

Was ich hier erörtert habe, ist das Prinzip der Selbstreflexion. Dies ist ein Pfad zur Erleuchtung, auf dem Sie bestrebt sind, Glück zu erreichen, indem Sie mit Hilfe Ihrer eigenen Stärke, die Sie aktiv einsetzen, jegliche Störung durch Geister abschalten. Ausgangspunkt für diesen Pfad sind immer Sie selbst.

5

Gedanken manifestieren sich: *Das Prinzip des Fortschritts*

Sowohl gute als auch schlechte Gedanken werden sich letztendlich manifestieren

Das vierte Thema, das ich erörtern möchte, lautet „Gedanken manifestieren sich". Diese Lehre nenne ich „das Prinzip des Fortschritts". Das Prinzip des Fortschritts lässt sich entsprechend der geistigen Stufe, auf der sich der Einzelne befindet, auf viele unterschiedliche Weisen erklären. Da sich jeder Mensch in einer anderen Situation befindet, lässt es sich schwer anwenden.

Dieses Prinzip beruht vor allem auf dem Wissen, dass der Mensch ein spirituelles Wesen und die geistige Welt eine Welt der Gedanken ist – ein Ort, an dem sich Gedanken manifestieren. Wer Gedanken hegt, die mit der Hölle in Zusammenhang stehen, wird in der anderen Welt viele davon ansammeln. Infolgedessen wird der Ort, an dem man lebt, zur echten Hölle. Im Reich der Hölle fügen die Geister in einer Welt von Sorgen und Schmerz einander Leid zu, während die Geister in der Himmelswelt einander alle gegenseitig unterstützen. Die andere Welt ist ein Reich, in dem Gedanken Wirklichkeit werden – es ist die reale Welt. Das bedeutet, dass die Gedanken die wahre

Essenz der menschlichen Existenz sind und der Körper lediglich ein Gefährt oder ein Hilfsmittel ist, um diese zu manifestieren. Es ist wichtig, dass Sie beginnen, auf diese Weise zu denken.

Da diese Welt eine Welt der Materie ist, dauert es hier auf der Erde eine gewisse Zeit, bis sich Gedanken manifestieren. Wenn wir von einem Ort zum anderen reisen möchten, müssen wir mit dem Auto fahren. In ähnlicher Weise müssen wir verschiedene Materialien oder Gegenstände benutzen, um unsere Gedanken in die Realität umzusetzen. Wollen wir in der geistigen Welt von einem Ort zum anderen reisen, sind wir in dem Augenblick, da wir daran denken, sofort dort. Die Wirkung tritt sofort ein. Was der chinesische Buddhist und Philosoph T'ien-t'ai Chih-i (538-597) sagt, stimmt: „Ein Gedanke erschafft 3.000 Welten."[2] Wir müssen nur an einen Ort denken, an den wir transportiert werden möchten, sei es irgendwo im Himmel oder in der Hölle. Es ist schon fast erschreckend, dass Zeit und Entfernungen in der anderen Welt nicht existieren.

Wenn ich das Foto einer verstorbenen Person betrachte, gehe ich innerhalb einer Sekunde mit ihrem Geist in Resonanz. Ganz gleich, wo sie sich gerade befindet, im Himmel oder in der Hölle - ich bin imstande, sie innerhalb einer Sekunde zu orten. Wenn Sie an Geistwesen denken, ist es aus diesem Grunde besser, Ihr Interesse auf diejenigen zu lenken, die in höhere Reiche zurückgekehrt sind. Kommen solche Geistwesen auf Sie zu, so können sie Ihnen unter Umständen hilfreiche geistige Botschaften mitteilen. Wenn Sie jedoch zu viel Interesse auf die Geister lenken, die in der Hölle sitzen, und mit diesen in Resonanz gehen, werden sie Sie nicht so leicht wieder loslassen und bei Ihnen ein unangenehmes Gefühl auslösen. Das ist eine unumstrittene Tatsache, die jene Welt betrifft.

---

2) Siehe: „Das Gesetz der Sonne", S. 50-53.

Auch in unserer Welt der Materie werden die Menschen feststellen, dass ihre Gedanken letztendlich Wirklichkeit werden. Ganz gleich, ob es gute oder schlechte Gedanken sind - sie werden sich manifestieren. Dies ist die Folge des gleichen Prinzips, das Himmel und Erde regiert. Gute Gedanken, schlechte Gedanken - jeder Gedanke wird Wirklichkeit. Jemand, der beispielsweise den starken Wunsch hat, jemanden umzubringen, kann am Ende diese Person wirklich umbringen beziehungsweise in irgendein anderes Verbrechen verwickelt werden und selbst umgebracht werden. Auf diese Weise sind negative Gedanken stets Auslöser für negative Ergebnisse.

Wenn jeder den starken Wunsch hat, andere glücklich zu machen, wird das dazu führen, dass der Himmel auf Erden entsteht. Doch wenn jeder dem anderen nur Unglück wünscht, wird die Welt sich in eine Hölle verwandeln. So ist es in dieser Welt. Ganz gleich, ob ein Gedanke gut oder schlecht ist, er wird sich letztendlich manifestieren. Dies ist eine Wahrheit der geistigen Welt.

In dieser Welt können dreidimensionale Elemente unsere Gedanken blockieren und schwächen. Andere Menschen können ihnen im Weg stehen, daher manifestieren sich unsere Gedanken nicht immer direkt. Auf lange Sicht jedoch, über einen Zeitraum von 10, 20 oder 30 Jahren, werden Gedanken immer Wirklichkeit. Man kann dies mit einem Lavastrom vergleichen, der allmählich fest wird. Es mag beim tatsächlichen Ergebnis leichte Abweichungen hinsichtlich des Grades der Festigkeit oder der Farbe geben, doch die Gedanken der Menschen nehmen stets richtige Formen an - ob gut oder schlecht, sie werden Wirklichkeit werden. Es ist auch eine Tatsache, dass sich die Menschen jeden Tag mehr in Richtung ihrer persönlichen Interessen bewegen. Daran gibt es keine Zweifel, das ist eine Tatsache, die nicht zu leugnen ist.

Dieses Grundwissen über das Prinzip des Fortschritts muss man kennen. Es gibt ein Gesetz zu unseren Gedanken, das lautet:

„Sowohl gute als auch schlechte Gedanken werden sich eines Tages manifestieren. Menschen, die schlechte Gedanken haben, werden Negatives anziehen, während Menschen mit guten Gedanken gute Dinge herbeiführen." Dies ist eines der Gesetze der geistigen Welt, und es trifft immer zu, ohne Ausnahme. Zuerst müssen Sie wissen, was gute und schlechte Gedanken sind. Dann müssen Sie erkennen, dass Ihre persönlichen Gedanken die Kraft haben, sich in dieser Welt zu manifestieren.

„Liebe", „Weisheit" und „Selbstreflexion" sind allesamt Möglichkeiten, um „Fortschritt" zu bewirken

Zunächst sollten Sie Ihre geistige Einstellung genau prüfen und feststellen, ob Sie die Prinzipien der Liebe, Weisheit und Selbstreflexion gemeistert haben, die ich dargelegt habe. Sobald Sie dies erreicht haben, werden Sie feststellen, dass Sie automatisch beim Prinzip des Fortschritts angekommen sind. Weil Sie in Bezug auf die Prinzipien Liebe, Weisheit und Selbstreflexion Fortschritte gemacht haben, werden Sie dazu hingeführt, sich im Prinzip des Fortschritts zu üben.

Was das Prinzip der Liebe betrifft, so werden Sie und die Menschen in Ihrem Umfeld Unglück erfahren, wenn Sie einen starken Willen besitzen und nur darauf bedacht sind, Liebe von anderen zu nehmen. Auch beim Prinzip der Weisheit wird es Ihnen nicht gelingen, glücklich zu werden, wenn Ihre Gedanken in die falsche Richtung zielen. Das Prinzip der Selbstreflexion besagt, dass Sie, wenn Sie wissen, wie Sie für etwas büßen können, Ihre Gedanken in die richtige Richtung lenken können. Menschen, die nichts bereuen, werden ihre Gedanken jedoch in die falsche Richtung lenken.

Wenn man die Prinzipien der Liebe, Weisheit und Selbstreflexion richtig meistert, wird auch das Prinzip des Fortschritts die richtige Richtung nehmen. Ihr Fortschritt wird sich einstellen, indem Sie andere lieben. Wenn Sie verschiedene Themen nach dem Prinzip der Weisheit studiert haben, wird dieses Wissen Ihnen bei Ihrer weiteren Entwicklung helfen. Wenn Sie versuchen, Ihre Niederlagen, Fehler und Sorgen der Reihe nach durch Selbstreflexion und Studium zu korrigieren, wenn Sie diese analysieren und die Antwort auf jedes dieser Probleme finden, werden Sie imstande sein, den Pfad des Fortschritts zu gehen. Liebe, Weisheit und Selbstreflexion sind alles Methoden, um sich in den Strom des Fortschritts zu begeben. Wenn es Ihnen gelingt, all dies zu meistern, um das Prinzip des Fortschritts zu erreichen, sind Sie auf der richtigen Spur.

Leben Sie so, dass Ihr persönliches Glück zum Glück für die Menschheit wird

In erster Linie müssen Sie davon überzeugt sein, dass Ihre Gedanken immer Wirklichkeit werden. Es mag 10, 20 oder 30 Jahre dauern, doch Ihre Gedanken werden am Ende stets Wirklichkeit werden. Selbst wenn Sie die Ergebnisse nicht in dieser Welt finden können, werden sie bis in die geistige Welt eindringen und Wirklichkeit werden.

Betrachten wir beispielsweise einmal das Vorbild von Jesus Christus. Manche sagen, dass er der Erlöser der Menschheit sein sollte, doch er wurde gekreuzigt und starb, bevor er sein Werk in dieser Welt vollbringen konnte. Betrachtet man es nur im Kontext dieser Welt, so könnte man meinen, er hätte seine Mission nicht erfüllt. Selbst seine zwölf Jünger haben ihn verraten und sind geflüchtet. Natürlich ist der Verrat durch Judas Iscariot, der Jesus für 30 Silberlinge verkauft hat, wohlbekannt, doch auch die anderen Jünger sagten aus Angst, verfolgt zu werden: „Ich kenne diesen Mann nicht“ - und flüchteten. Es könnte den Anschein haben, dass Christi Gedanken mit seinem irdischen Körper verstarben. Doch im Laufe all der Jahre, die seitdem vergangen sind, ist sein Wunsch, die Menschheit zu retten, zum vollen Erfolg geworden. Daran können Sie sehen, dass Gedanken langfristig gesehen stets in Erfüllung gehen, selbst wenn sie auf kurze Zeit betrachtet scheinbar nicht verwirklicht worden sind.

Während es Jesus zwar gelungen ist, seine Wünsche als Erlöser Wirklichkeit werden zu lassen, scheinen doch die tragischen Erlebnisse in seinem Leben den Lauf der Geschichte für die darauffolgenden 2.000 Jahre beeinflusst zu haben. Im Christentum bleibt der apokalyptische Aspekt stark im Vordergrund, was über die Jahre hinweg zu vielen Tragödien geführt hat.

Bei Happy Science achten wir sehr darauf, in welcher Weise Gedanken erzeugt werden und welche Richtung sie einschlagen. Gedanken manifestieren sich immer. Daher ist es wichtig, dass Sie stets sorgfältig darauf achten, welche Art von Gedanken Sie erzeugen, wie sich diese manifestieren könnten und was das für die Zukunft bedeuten würde. Sie müssen sich unbedingt fragen, was passieren würde, wenn infolge Ihrer Handlungen eine Großbewegung in Gang gesetzt würde, die auf einem bestimmten Gedanken beruht.

Wir müssen unsere Gedanken zusammenführen, um auf das Glück der gesamten Menschheit hinzuarbeiten. Unser Ziel ist es, der gesamten Menschheit Glück zu bringen. Das persönliche Glück jedes Einzelnen wird dazu dienen, dieses Ziel zu erreichen. Führt Ihr persönliches Glück zum Glück der gesamten Menschheit und möchten Sie so leben, dass Sie Ihr persönliches Glück mit dem Rest der Menschheit teilen, so ist dies die richtige Art zu denken – Sie werden keinerlei Probleme im Leben haben, wenn dies Wirklichkeit wird. Es sollte zu Ihrem Leitgedanken werden, Ihr persönliches Glück und das Glück der Menschheit zu vereinen.

Doch es gibt unzählige Menschen, die nur darauf aus sind, ihre eigenen Ambitionen durchzusetzen, und kriminelle Tendenzen zeigen. Selbst wenn Menschen, aus weltlicher Sicht betrachtet, erfolgreich erscheinen mögen, kann Negativität entstehen, wenn ihre Gedanken nicht in die richtige Richtung ausgerichtet sind. Sind Menschen beispielsweise nur auf Geld aus, so kann es vorkommen, dass sie nicht einmal vor einem Banküberfall oder Betrug zurückschrecken.

Wenn Sie sich entscheiden, in eine Richtung zu streben, bei der Ihr persönliches Glück mit dem der gesamten Menschheit im Einklang steht, werden Sie nach zehn oder 20 Jahren an Engagement feststellen, dass sich die Dinge langsam in diese Richtung bewegen und Ihre Gedanken Wirklichkeit werden. Sie sollten sich stets aufs Neue vergewissern, dass Ihr persönliches Glück auch wirklich dem Glück der gesamten Menschheit dient, dass Ihre Gedanken korrekt sind und dass Sie in die richtige Richtung streben. Lautet die Antwort auf all diese Fragen „ja", werden Ihre Gedanken definitiv Wirklichkeit, wenn Sie diese über lange Zeit hinweg aufrechterhalten können.

Die Begeisterung, die bei Ihren Gedanken mitschwingt, der persönliche Einsatz, den Sie darauf verwenden, sowie die Zeit, die Sie dafür aufzubringen bereit sind – die Kombination dieser drei Faktoren wird zu deren Verwirklichung führen. Das ist eines der Gesetze des Erfolgs.

6

Nutzen Sie diese vier Prinzipien für Ihre geistige Vervollkommnung

Ich habe die vier Prinzipien, die ich in diesem Kapitel erörtert habe, persönlich erfahren und glaube, dass auch Sie diese erfahren können. Zu den Prinzipien des Glücks gehören viele weitere tiefgehende Lehren, wie sie in verschiedenen meiner Bücher beschrieben sind. Die vier Prinzipien zur Erlangung menschlichen Glücks jedoch, die ich hier beschrieben habe, bieten eine leicht verständliche Einführung für jeden.

Diese Prinzipien können als Einführung benutzt werden, wenn man anderen die Wahrheit vermitteln will. Sie können aber auch als Sprüche der Weisheit für die Selbstreflexion oder Meditation benutzt werden. Wenn Sie bei Happy Science an einem Seminar teilnehmen, wird empfohlen, dass Sie eine Zen-Meditation machen und sich mit folgenden Sprüchen der Weisheit in Kontemplation begeben sollten: „Wenn du Zeit hast, über dein Unwissen zu klagen, so nutze diese lieber für Studien," „Die Selbstreflexion beseitigt negative geistige Einflüsse." Und: „Deine Gedanken werden sich manifestieren." Wenn Sie dies tun, ist Ihnen ein Quantensprung in Ihrer geistigen Entwicklung gewiss.

Viertes Kapitel:

Laden Sie das Glück in Ihr Leben ein. Eine Einführung in die Lehre von Happy Science

1

Happy Science – wie alles begann

Von der Regel „Zutritt nur auf Bewerbung“ zum Motto „Noch mehr Menschen retten“

Mehr als zwanzig Jahre sind seit der Gründung von Happy Science und dem Beginn unserer Aktivitäten verstrichen. Seit dieser Zeit habe ich mehrere tausend Vorträge gehalten. Die Anzahl der Bücher, die ich veröffentlicht habe, beläuft sich auf über 1.200. Infolgedessen kann es neuen Mitgliedern schwerfallen, sich zu entscheiden, wo sie mit ihren Studien beginnen sollen. Ich kann mir vorstellen, dass sie angesichts der riesigen Materialmengen das Gefühl bekommen, im Meer der Wahrheit zu ertrinken.

Genau aus diesem Grund habe ich dieses Kapitel hier verfasst. Darin erkläre ich, welche geistige Einstellung erforderlich ist, um Happy Science beizutreten, und erläutere die Grundlehren vom derzeitigen Standpunkt aus betrachtet, mehr als zwanzig Jahre nach der Gründung von Happy Science. Es mag sich aus meinem Mund befremdlich anhören, aber der Umfang unserer Lehren ist so enorm geworden, dass es schwierig ist, mehr als nur eine „Einführung in die Einführung“ zu geben. Doch ich hoffe, Ihnen einen ersten Einblick in unsere Grundlehren vermitteln zu können.

Wir verfügen inzwischen über eine enorme Bandbreite an Lehrinhalten. Das besagt jedoch nicht, dass wir auf diese einfach so zufällig gestoßen sind. Wenn ich an meinen ersten Vortrag zurückdenke, kann ich feststellen, dass ich darin bereits unsere Grundlehren vorgestellt und die Prinzipien des Glücks erörtert habe. Später habe ich das Prinzip der Liebe hinzugenommen - und dann all die anderen Prinzipien.

Zu Beginn wählten wir als Aufnahmeverfahren für die Einschreibung bei uns bestimmte Zulassungsvoraussetzungen. Wir ließen nicht jeden zu, sondern entschieden uns für ein System mit schriftlicher Bewerbung um die Aufnahme bei Happy Science. Wir überprüften jeden Bewerber, um sicherzugehen, dass dieser für ein Studium bei uns geeignet war. Um diejenigen auszufiltern, die nicht aufrichtig waren oder andere Mitglieder davon abschrecken würden, zu uns zu stoßen, beschlossen wir, dass die Interessenten eine schriftliche Bewerbung einreichen sollten. Darin sollten sie ihre Motivationen darlegen, die sie dazu bewegten, zu uns zu stoßen, sowie, welchen Eindruck unsere Basislehren bei ihnen hinterlassen hatten. Dann prüfte ich all diese Bewerbungen höchstpersönlich, um festzustellen, ob der Kandidat bereits einige Bücher über die Wahrheit gelesen und auf dieser Grundlage ernsthaft nach weiterer geistiger Vervollkommnung bei Happy Science strebte.

Anfangs wurden pro 100 Bewerbungen in Form von Briefen etwa 40 Prozent von diesen 100 Menschen, die bei uns an der Ausbildung teilnehmen wollten, zugelassen. Auf diese Weise versuchten wir anfangs, die Organisation kleinzuhalten, damit sie sich gut entwickeln konnte. Wir hatten die Vorstellung von einer gut organisierten Gemeinschaft mit einigen Tausend Mitgliedern, die dann allmählich auf eine Größe von etwa 10.000 heranwachsen sollte. Wir wollten uns einen guten Ruf erarbeiten und ein gutes Managementsystem aufbauen, bevor wir weiter expandieren wollten. Daher praktizierten wir in den ersten drei Jahren diese Zulassungsbeschränkung. Doch trotz dieser Vorsichtsmaßnahme begann sich innerhalb der Organisation eine explosionsartige Energie auszubreiten, bevor wir die Zeit hatten, das nötige Know-how zu entwickeln, um diese richtig zu leiten. Das machte uns die Arbeit schwer, die Organisation in den folgenden Jahren mit ruhiger Hand zu steuern.

Ich hatte vor, noch zahlreiche Bücher zu schreiben, darunter auch solche über die Grundlagen unserer Lehre, und ich wusste, dass ich mich nicht würde konzentrieren können, wenn ich zu beschäftigt sein würde. Daher beschloss ich, meine Gedanken zunächst zu Papier zu bringen, auch wenn dies eine Beschränkung der Teilnehmerzahl bedeutete. Ich begründete dies damit, dass ich zuerst meine grundlegenden Lehren niederschreiben würde, um dann nur mit den Menschen zu arbeiten, die diese für gut befanden und akzeptierten.

Das einzige Problem bestand darin, dass Religionen die Aufgabe haben, ihre Lehren so weit wie möglich zu verbreiten. Daher gerieten wir in den 90er-Jahren in eine Wachstumsperiode, die die „Mahayana-Bewegung" oder die Bewegung des „Großen Gefährts" propagierte, und expandierten mit dem Ziel der „Erlösung aller lebendigen Wesen".

Als wir mit unseren Aktivitäten in Übersee begannen, sagten die Leute: „Ich habe noch nie von einer Religion gehört, die eine schriftliche Bewerbung und einen Test fordert, bevor man eintreten kann. Eine Religion muss so viele Gläubige wie möglich anziehen - nur so kann sie zum Wohle der Öffentlichkeit da sein. Im Moment erinnert mich unsere Organisation eher an eine Schule!" Sie hatten natürlich recht - anfangs glichen wir sehr einer Schule.

Die Menschen in Übersee sagten: „Ihr seid eine Religion. Also müsst ihr so viele Menschen wie möglich anziehen", und ich konnte dem durchaus zustimmen. „Eine Religion, die sich so wenig darum bemüht, Anhänger anzuziehen, ist überhaupt keine Religion", sagten sie. „Falsche Religionen praktizieren bei Interessenten sogar Gehirnwäsche, um zu versuchen, sie dazu zu bringen, Mitglied zu werden. Eine gute Religion sollte nicht zögern, neue Mitglieder aufzunehmen. Wenn ihr nicht gewillt seid, viele neue Anhänger anzuziehen, werdet ihr niemals als Religion anerkannt werden." So hatten wir keine andere Chance, als nachzugeben und jeden willkommen zu heißen, der uns beitreten wollte. Daher versuchten wir voranzukommen, indem wir ein System aufbauten, das jeden zuließ. Doch in gewisser Weise illustriert dies auch, wie beliebt diese Religion von Anfang an war.

Neue Gläubige über Bücher gewinnen

Anfangs beschränkten wir die Zahl der Mitglieder absichtlich. Ich bin stolz auf die Tatsache, dass wir zahlreiche Bestseller produziert haben, die wiederum zum Anstieg unserer Mitgliederzahl geführt haben, und nicht umgekehrt. Es gab immer zehnmal mehr Leser als Mitglieder. Dies zeigt, dass es noch viele potenzielle Mitglieder gibt, die zu uns stoßen können. Unsere Religion ist nicht das Erbe eines vorangegangenen Anführers, auf den wir hätten zurückgreifen können, um künstliche Bestseller zu verfassen.

Dies zeigt sich an der Tatsache, dass die Gläubigen anfangs, wenn ich einen Vortrag hielt, nur etwa 10, 20 oder 30 Prozent des Publikums ausmachten. Keiner der restlichen Anwesenden war Mitglied. Ich ziehe stets ein Publikum in der Größenordnung von Zehntausenden an - diese Tatsache macht mich sehr zuversichtlich.

Das einzige Problem, das ich habe, ist, dass ich, wenn ich zu viel Zeit mit dem Management verbringen muss, Schwierigkeiten habe, meine Vorträge zu organisieren. Daher möchte ich das Wachstum gern in handhabbaren Bahnen halten. Derzeit arbeiten wir daran, die Wahrheit im Stile der Mahayana-Bewegung oder der Bewegung des Großen Gefährts zu verbreiten. Daher hat sich unser ursprünglicher Geist nicht verändert, auch wenn unsere Management-Methoden sich von den Anfängen unterscheiden.

Ich bemühe mich nach Kräften darum, hohe Ideale anzustreben. Happy Science wurde auf dem Fundament der erhabenen „Gesetze“ und des sorgfältigen Studiums und Engagements unserer Mitglieder gegründet. Es gibt Ideale, die wir bewahren möchten. Wir möchten unseren Stil, wie wir die Wahrheit vermitteln, beibehalten, indem Mitglieder, die die Wahrheit studieren und auf dem Weg sind, sich geistig zu vervollkommnen, andere anleiten.

2
„Die Erforschung der richtigen geistigen Einstellung" und „Die Prinzipien des Glücks"

Geistige Gesetze, die Glück und Unglück definieren

Ich habe über die Jahre Tausende von Vorträgen und Lehrreden gehalten, doch ich habe niemals zweimal dieselbe Rede gehalten. Jede hatte einen anderen Inhalt. Auch wenn dies das Studium unserer Mitglieder sehr erschweren mag, folge ich als Sprecher meinem Gewissen und bleibe dabei. Ich arbeite jedes Thema sorgfältig heraus, wie ein Kunstwerk, um es meinem Fundus an Lehrreden hinzufügen zu können.

Da ich möchte, dass die Menschen jede einzelne meiner Lehren studieren, lege ich besonderen Wert darauf, dass ich jedes Thema mit einbeziehe, von dem ich glaube, dass es mein Publikum zur Erleuchtung und zum Glück führen kann. Während ich diese Themen zusammenstelle, sage ich mir: „Dies hier ist wichtig, und das ist ebenfalls erforderlich." Ich liege mit meinem Gespür ganz richtig, denn jeder reagiert auf andere Bereiche der Wahrheit. Der eine mag von einem bestimmten Buch bewegt werden, während ein anderer die Antwort, die er sucht, in einem anderen Buch finden mag. Es kommt sogar vor, dass mehrere Menschen in ein- und demselben Buch in verschiedenen Abschnitten ihr Wohl und ihre Erlösung entdecken.

Auch wenn ich denke „Diesen Aspekt muss ich nicht unbedingt mit hinzunehmen“ beschließe ich aus dem oben genannten Grund am Ende doch immer, ihn mit einzubeziehen, weil ich glaube, dass stets die Möglichkeit besteht, dass ich eine Seele retten kann. Später stelle ich dann fest, dass genau dies der Inhalt war, den eine bestimmte Person gesucht hatte. Auch wenn ich daher den einen oder anderen Teil für unnötig halte, kommen manchmal mehrere Dutzend, ja sogar Hunderte von Menschen aus dem Publikum ausgerechnet darauf zurück.

Wenn ich Reden halte, haben viele Menschen das Gefühl, ich würde sie direkt persönlich ansprechen, ihnen ihre Fehler aufzeigen und sie ermahnen. Doch ich meine nie eine bestimmte Einzelperson. Die Gesetze der Wahrheit können viele Menschen zugleich betreffen. Sie können sich auf die Fehler in den Herzen vieler Menschen beziehen, Ermutigung bieten und die Menschen dazu bringen, ihr Leben neu zu gestalten. Ich beobachte stets jede Regung des inneren Selbst einer großen Masse an Menschen, um die universellen Gesetze zu entdecken, die den Geist der Menschen steuern. Infolgedessen konnte ich bestimmte geistige Gesetze entdecken, die für viele unterschiedliche Lebensweisen gelten, Regeln, die Glück bringen, wenn man sie befolgt, jedoch Unglück bringen, wenn man sie missachtet. Ich habe über diese universellen Gesetze schon die verschiedensten Lehrreden gehalten.

Da ich viele Vorträge halte, in der Hoffnung, dass alle Menschen irgendwann in ihrem Leben in Kontakt mit der Wahrheit und der Chance kommen, die Erleuchtung zu begreifen, ist der Inhalt jedes Vortrages anders. Sie decken wie gesagt ein großes Spektrum an verschiedensten Themen ab. Doch bestimmte geistige Gesetze ziehen sich wie ein roter Faden durch sie alle hindurch. Meine Gedanken wandern immer zu den geistigen Gesetzen, da es stets bestimmte Regeln gibt, die festlegen, ob die Menschen glücklich oder unglücklich sind. Welche sind diese geistigen Gesetze? Manchmal leite ich sie induktiv von individuellen, konkreten Beispielen ab, während ich sie in anderen Fällen deduktiv ableite nach dem Motto: „Dies ist der Wille Gottes oder Buddhas. Wir sollten daher auf diese Weise leben, damit wir glücklich werden können.“ Obgleich ich beide Methoden anwende, dreht sich immer alles um die geistigen Gesetze.

Die wahre Bedeutung des Konzepts „Die richtige geistige Einstellung“

Eines der geistigen Gesetze lautet, dass es einen geistigen Zustand gibt, der Glück beschert. Ich habe dies von Anfang an als „Erforschung der richtigen geistigen Einstellung“ bezeichnet. Es ist schwierig, ein einfaches Beispiel für die Erforschung der richtigen geistigen Einstellung anzuführen, doch was wir in diesem Zusammenhang unter „richtiger Einstellung“ verstehen, ist ein geistiger Zustand, der mit den Gesetzen des Ur-Buddha im Einklang ist, die das Universum erschaffen.

Natürlich gehört zu dieser Definition der „richtigen geistigen Einstellung“ auch der Glaube, zu dem man nur über Religion finden kann. Daher entspricht die Bedeutung des Wortes „richtig“ nicht immer seiner üblichen Verwendung im Alltag. Im weltlichen Sinne kann sich das Wort „richtig“ oder „korrekt“ auf viele verschiedene Dinge beziehen. Beispielsweise kann es sich in der Welt der Wissenschaft auf Theoreme, Hypothesen oder Theorien beziehen. In Wirklichkeit ist eine Theorie oder eine Hypothese jedoch nur eine Idee, nichts Absolutes, das sich als etwas Wahres erwiesen hat.

Die Wissenschaft mag behaupten, dass die Menschheit vor mehreren Millionen Jahren geboren wurde, dass vor Hunderttausenden von Jahren ein bestimmtes Ereignis eintrat oder dass sich vor vier Millionen Jahren der Homo sapiens in einer separaten Linie von den Affen entwickelt hat, doch ich glaube solche Behauptungen nicht. Ich halte sie nicht für die Wahrheit. Dennoch lehrt man an den Schulen all dies als Fakten. Um einer guten Prüfungsnote willen hält man sich eben ungestraft daran. Lehrbücher sind nicht unbedingt korrekt - sie geben lediglich das wieder, was als Wissensstandard zu einem bestimmten Zeitpunkt anerkannt ist. In diesem Zusammenhang habe ich auch nicht die Absicht, sie zu kritisieren.

Die Richtigkeit, die Happy Science lehrt, entspricht nicht notwendigerweise den Ergebnissen wissenschaftlicher Forschungen oder Studien. Das bedeutet jedoch nicht, dass die Menschen unsere Aussagen blind glauben sollen. Um Konflikte zu vermeiden, ist es in Ordnung, wenn man, solange man in der Schule ist, deren Lehren folgt und Dinge dann auf andere Weise tut, sobald man sie verlassen hat. Jesus Christus hat einmal eine Münze genommen und gesagt: „So gebt dem Kaiser, was des Kaisers ist, und Gott, was Gottes ist!“ (Matth. 22,21) Ebenso gibt es bestimmte Dinge, die den Regeln dieser Welt unterliegen. Ich habe nicht die Absicht, gegen Dinge anzugehen, die in dieser Welt reibungslos funktionieren.

Dennoch bezieht sich „Richtigkeit“ im wahren Sinne des Wortes auf eine Korrektheit, die ihre Wurzel in der Existenz Buddhas oder Gottes hat, eine Richtigkeit im Kontext von geistiger Erkenntnis, die in keinem Schulbuch steht. Das, was wir als „Wissenschaft“ bezeichnen, hat noch nicht einmal den Beweis für die Existenz der Geistwesen erbringen können. Vor mehr als 2.500 Jahren hat Shakyamuni Buddha dem Weltlichen abgeschworen, um Mönch zu werden und die Antwort auf die Schmerzen von Geburt, Alterungsprozess, Krankheit und Tod zu finden. Doch 2.500 Jahre später ist die medizinische Wissenschaft immer noch nicht imstande, den wahren Grund dafür zu finden, warum der Mensch geboren wird oder welche Bedeutung der Tod hat. Sie hat keine Kenntnisse über die Welt nach dem Tod. Aus diesem Grund können wir mit Fug und Recht behaupten, dass Religion auch heute noch durchaus ihre Berechtigung hat.

Ich glaube nicht, dass die wissenschaftliche, medizinische oder schulische Definition des Wortes „richtig/korrekt“ zutreffend ist. Ich möchte dies nicht bis zu dem Grad bestreiten, dass ein Leben in dieser Welt schwierig wird, doch ich möchte gern, dass jeder als Hauptkriterium für das Verständnis des Wortes „richtig“ die Welt des Glaubens hernimmt. Natürlich erfordert es auch eine gewisse Anpassung an diese Welt, wenn man in ihr lebt. Ärzte verschreiben beispielsweise Medikamente und schneiden notfalls als medizinische Maßnahme auch kranke Körperteile heraus. Doch sie müssen sich bewusst sein, dass sie oft gar nicht über ein fundiertes Wissen über die menschliche Seele verfügen.

Ebenso verhält es sich in Bezug auf die Verfassung oder rechtliche Angelegenheiten. Die Verfassung ist nicht gottgegeben, sie wurde von Menschen aufgesetzt. Daher spiegeln die Gesetze dieser Welt nur die Meinung einer Mehrheit in einem Parlament oder Kongress wider. Je nachdem, wie viele Politiker zu einem bestimmten Zeitpunkt einer bestimmten Partei angehören, können diese Meinungen stark schwanken. Abhängig davon, welche Partei die Mehrheit hat, werden die Ergebnisse unterschiedlich ausfallen. Daher kann man unmöglich sagen, dass Gesetze absolut ihre Richtigkeit haben. Es gibt auch Richter und Anwälte, die Experten in Sachen Recht sind. Doch ich nehme an, dass das, was sie als „recht und richtig“ empfinden, sich grundlegend von dem unterscheidet, was in der Welt des Glaubens für „richtig“ erachtet wird.

Wie ich jedoch bereits in den Büchern über geistige Botschaften erklärt habe, die ich in den frühen Tagen unserer Aktivitäten geschrieben habe, stellt das, was wir als „richtig“ lehren, nicht notwendigerweise das einzig wahre „Richtige“ dar, das es gibt.

Selbst die göttlichen Geistwesen im Himmel sind unterschiedlicher Meinung, denn sie haben unterschiedliche Persönlichkeiten. Natürlich entsprechen die Botschaften in diesen Büchern den Anforderungen der himmlischen Welt insofern, als sie ein gleichbleibend hohes Level aufweisen und aktuelle Philosophien beinhalten, die die Menschen glücklich machen können, doch es gibt durchaus Variationen hinsichtlich der Methoden und Philosophien.

Für jeden bedeutet höchstes Glück etwas anderes. Obgleich man eine allgemeine Bewertung darüber abgeben kann, ob eine religiöse Gruppierung korrekt beziehungsweise vertrauenswürdig ist, indem man ihren Einfluss auf die Gesellschaft beurteilt, ist die Tatsache, dass es so viele verschiedene geistige Einstellungen gibt, ein Hinweis darauf, dass die Bandbreite bei den Bedürfnissen der Menschen enorm groß ist. Das sollte man nicht übersehen. Das Wort „richtig" deckt somit ein breites Bedeutungsspektrum ab, doch zugleich zielt diese Vielfalt in eine einzige Richtung, nämlich in Richtung „Wille Buddhas oder Gottes". Dies ist die wahre Bedeutung von „richtig".

Die Prinzipien des Glücks – der moderne Vierfache Pfad

Ich habe die Prinzipien des Glücks als konkrete praktische Übungen zur Erforschung der richtigen geistigen Einstellung eingeführt. Auf die Frage „Was bedeutet die Erforschung der richtigen geistigen Einstellung?" würde ich antworten: „Es ist die Erforschung der Prinzipien des Glücks."

Mit den Prinzipien des Glücks meine ich die Prinzipien, die Ihnen garantiert Glück bringen, wenn Sie sich darauf konzentrieren, diese zu erforschen, und Sie bestrebt sind, sich in diesen zu üben. Zu den Prinzipien des Glücks gehören verschiedene Prinzipien: Das erste ist *das Prinzip der Liebe*, das zweite ist *das*

Prinzip der Weisheit, das dritte ist *das Prinzip der Selbstreflexion* und das vierte ist *das Prinzip des Fortschritts*. Natürlich habe ich auch verschiedene andere Prinzipien erörtert. Es gibt unzählige Möglichkeiten, um Menschen glücklich zu machen. Würde ich jedoch gebeten, die Prinzipien des Glücks zusammenzufassen, so würde ich sagen, sie bestehen aus „Liebe“, „Weisheit“, „Selbstreflexion“ und „Fortschritt“. Sie stellen den „modernen Vierfachen Pfad“ dar, wie ich ihn bezeichne.

Ich lehre, wie wichtig es ist, diesen vier Lehren zu folgen. Dabei erkläre ich, dass Sie, wenn Sie diese vier Prinzipien beständig beherzigen, nicht vom Weg abkommen, sondern imstande sein werden, nach dem Tod in die himmlische Welt zurückzukehren. Wenn Sie sich damit intensiv befassen, werden Sie sogar imstande sein, danach zu streben, ein Engel des Lichts zu werden. Daher fordere ich die Mitglieder von Happy Science auf, sich um die richtige geistige Einstellung zu bemühen, ihre Buddha-Natur, die göttliche Natur in ihrem Inneren, wiederzufinden und die vier Prinzipien - die Prinzipien der Liebe, Weisheit, Selbstreflexion und des Fortschritts - als konkrete Ziele in ihrem Alltagsleben zu praktizieren.

Wenn man mich bitten würde, die Grundlehren von Happy Science kurz zusammenzufassen, würde meine Antwort lauten: „Happy Science erwartet von seinen Anhängern, dass sie an der Erforschung der richtigen geistigen Einstellung arbeiten, und empfiehlt, die Prinzipien des Glücks konkret zu praktizieren. Wer diesen Prinzipien folgt, qualifiziert sich als Mitglied von Happy Science. Wer sein Bewusstsein beständig auf diese Prinzipien richtet, die Wahrheit studiert, sich in Selbstreflexion und im Gebet übt und sich bemüht, seinen Mitmenschen die Wahrheit zu vermitteln, und dabei zugleich seine Rolle als Mitglied der Gesellschaft einnimmt, wird nicht vom Weg abkommen. Dies sind die täglichen Übungen, die zur geistigen Vervollkommnung führen.“ Das ist der Rahmen unserer Lehren.

3
Das Prinzip der Liebe

Aktiv Liebe geben und nicht nehmen

Als erstes Prinzip nenne ich das Prinzip der Liebe. Es gibt verschiedene Möglichkeiten, die Prinzipien des Glücks zu strukturieren. Ich persönlich jedoch finde es wichtig, dass das Tor des Dharmas oder die Pforte zu den Lehren so breit wie möglich sein sollte. Das erste Prinzip sollte weit und einladend sein, um es jedem zu ermöglichen teilzunehmen. Daher ist das Prinzip der Liebe hierfür in idealer Weise geeignet.

Ein kompliziertes Konzept zur Erlangung der Erleuchtung kann hingegen für jemanden passend sein, der sehr zum Intellektuellen neigt. Doch nicht jeder hat den nötigen Hintergrund, um diese Art der Diskussion zu verstehen. Außerdem denken Menschen, die leiden und in einem Strudel von Sorgen gefangen sind, nicht rational. Sie leiden für gewöhnlich infolge ihrer Emotionen, denn die meisten Sorgen bestehen aus emotionalem Schmerz. Um ein Prinzip zu postulieren, das für alle Menschen dieser Welt als Tor des Dharmas zu unseren Lehren geeignet ist, ist daher die Lehre der Liebe ideal. Es ist das Tor, das am weitesten offen steht und durch das man am leichtesten eintreten kann, und doch tut es dem Niveau der praktischen Übungen in keinster Weise einen Abbruch. Das Prinzip der Liebe ist das

Dharma-Tor, durch das jeder eintreten, das jedoch niemand meistern kann.

Es gibt viele Dinge, die man über das Prinzip der Liebe lehren muss. Zunächst möchte ich folgende Worte in den Raum stellen, um Ihnen die Augen für die Erleuchtung zu öffnen: „Sind Sie sicher, dass Sie nicht Liebe nehmen, wenn Sie glauben, jemanden zu lieben? Sind Sie sicher, dass Sie nicht glauben, dass Liebe etwas ist, was man von anderen bekommt, oder dass Sie sich diese von Ihren Mitmenschen sehnlichst wünschen? Das ist dann keine echte Liebe. Weil Sie danach trachten, von anderen etwas zu empfangen oder zu bekommen, leiden Sie."

Im alten Buddhismus bezeichnete man das als „Liebe". Liebe als Anhaftung. In den frühen Anfängen des Buddhismus nannte man eine Anhaftung „Liebe", während die wahre Liebe, die gebende Liebe, die ich lehre, unter dem Begriff „Barmherzigkeit" bekannt war. Die Liebe, die ich lehre, ist keine Anhaftung - sie ist Barmherzigkeit. Barmherzigkeit bedeutet zu geben, ohne dass man darauf bedacht ist, im Gegenzug etwas dafür zurückzubekommen. Barmherzigkeit entspringt dem Herzen, das nur reine Liebe schenkt.

Dies bezeichne ich als „gebende Liebe", weil das in der irdischen Sprache leichter zu verstehen ist. Ich hätte es auch einfach als „Barmherzigkeit" bezeichnen können, doch dies ist ein ziemlich antiquiertes Wort, bei dem die modernen Menschen von heute vielleicht Verständnisschwierigkeiten haben könnten. Daher habe ich es in die moderne Umgangssprache mit „gebende Liebe" übersetzt.

Wenn Menschen an die Liebe denken, so denken sie meist daran, dass sie von einem Mann oder einer Frau, die sie mögen, oder von ihren Eltern oder Kindern geliebt werden. Mit anderen Worten: Sie denken dabei daran, Liebe zu bekommen. Wenn sie nicht genügend Liebe bekommen, leiden sie.

Diese Denkweise müssen sie verändern. Wenn jeder nur Liebe bekommen möchte und niemand mehr übrig bleibt, der sie schenken kann, wird dies zu einem weltweiten Liebesmangel führen. Es ist wichtig, zuerst Liebe zu geben. Wenn jeder Liebe schenkt, wird die Welt von Liebe erfüllt sein. Sie müssen aufhören, nur daran zu denken, was Sie nehmen oder bekommen könnten.

Eine Gesellschaft, in der die Liebe fehlt, eine Gesellschaft, die auf der Meinung aufgebaut ist, Liebe bedeutet, etwas zu bekommen, ist wie eine Welt voller Invaliden, die alle im Bett liegen, sich pflegen lassen und sagen: „Hier tut es mir weh - und dort. Gebt mir mehr Medizin! Sorgt dafür, dass es mir besser geht!" Wenn sich jeder so benimmt, wird dies zu Problemen führen - man braucht mehr Ärzte, mehr Krankenschwestern und mehr Medikamente. Daher sollten Sie versuchen, möglichst überall dort, wo Sie sich gerade befinden, Liebe zu verteilen. Tun Sie Dinge für andere. Versuchen Sie, anderen Glück zu bereiten, bevor Sie selbst Glück fordern. Würden dies mehr Menschen tun, so würden die Sorgen wie von selbst aus dieser Welt verschwinden.

Fast all Ihr Schmerz rührt von Anhaftungen her. Anhaftung ist der Schmerz, den man empfindet, wenn man möchte, dass andere bestimmte Dinge tun, jedoch feststellen muss, dass sie dies nicht tun. Im Buddhismus bezeichnet man das als Schmerz darüber, dass man nicht das bekommt, was man gern hätte. Dies gehört zur Schmerzenslehre, die Shakyamuni Buddha meinte, als er lehrte, dass es in dieser Welt Dinge gibt, die unerreichbar bleiben, ganz gleich, wie sehr wir uns auch danach sehnen.

Wenn jeder nur sagen würde: „Ich will dies, doch keiner mag es für mich tun", so gäbe es auf der ganzen Welt keinen einzigen glücklichen Menschen. Sie müssen beginnen, das zu tun, was Sie können. Üben Sie sich darin, Liebe zu geben, und

Sie werden feststellen, dass sich vor Ihnen ein neuer Pfad eröffnet. Die Menschen, die sich bereits darin üben, Liebe zu geben, haben schon den ersten Schritt in Richtung Glück getan. Jeder Tag wird zur Freude, und die Freude im anderen zu sehen, bringt Freude. Wenn Sie dabei Glück empfinden können, wenn Sie sehen, wie sehr sich andere über etwas freuen, wenn Sie sehen, wie andere ihr Glück finden, haben Sie bereits den ersten Schritt in den Himmel getan. Menschen, welchen dies gelingt, werden feststellen, dass sie nach ihrem Tod in den Himmel kommen.

Menschen, die Neid oder Eifersucht empfinden, wenn sie das Glück anderer sehen, sind von diesem Zustand weit entfernt. Wenn diese nur an ihr eigenes Glück denken und nicht wollen, dass andere glücklich sind, oder den anderen sogar Unglück wünschen, so bedeutet das, dass sich ihr Herz in Finsternis befindet. Eine Grundvoraussetzung, um in den Himmel zu kommen, ist es, dass man dabei Freude empfinden kann, wenn andere glücklich sind. Wenn es Ihnen gelungen ist, das Prinzip der Liebe zu meistern und damit den ersten Schritt zu tun, so ist dies allein schon genug, um das Tor zum Himmel vor Ihnen zu öffnen. Auch wenn dies einfach zu sein scheint, ist es in Wirklichkeit ein Thema, das enorme Tiefe hat.

Die Entwicklungsstadien der Liebe

Die Lehre der Liebe umfasst mehrere Stufen. Diese habe ich in Büchern wie „Das Gesetz der Sonne" dargelegt.[3] Diese Stufen sind *die elementare Liebe*, *die inspirierende Liebe*, *die vergebende Liebe* und *die personifizierte Liebe*. Auch wenn

3) Siehe: „Das Gesetz der Sonne", S. 66–79.

dies ein wenig nach einer komplexen philosophischen Theorie klingen mag, ist dem nicht so.

Die erste Stufe, die *elementare Liebe*, ist die Liebe, die Sie für Ihren Nächsten empfinden, die Nächstenliebe. Es ist die Liebe, die Sie für die Familie, Ihre Freunde oder andere Menschen empfinden, mit welchen Sie tagtäglich in Kontakt kommen. Dies mag wie ein niedriges Niveau der Liebe erscheinen, doch das ist nicht der Fall. Wenn es Ihnen gelingt, diese Stufe zu meistern, können Sie in den Himmel eintreten. Daran können Sie ablesen, dass diese Stufe ein sehr breites Dharma-Tor darstellt. Sie müssen beginnen, sich in der elementaren Liebe zu üben.

Die nächste Stufe bei der Lehre über die Liebe ist die *inspirierende Liebe*, die man auf der Basis der richtigen geistigen Einstellung üben kann, um Zutritt in den Himmel zu erlangen. Sie zeigt eine strengere Seite der Liebe und erfordert Weisheit, um sie praktizieren zu können. Es ist die Liebe eines Lehrers oder geistigen Anführers. Lehrer an der Schule können ihre Liebe beispielsweise nicht in einer Weise zeigen, dass sie die Kinder, die sich in ihrer Obhut befinden, verhätscheln. Natürlich wären die Kinder erfreut, wenn sie gelobt und sanft behandelt werden würden. Doch wenn man im Bereich der Erziehung tätig ist, reicht dies allein nicht aus. Man muss die Menschen ermahnen und korrigieren, falls dies erforderlich ist. Wenngleich es sich für den Betreffenden auch hart anhören mag, ist es manchmal dennoch nötig, den Menschen zu einem passenden Zeitpunkt zu erklären, dass ihnen der Weg in ihre Zukunft verschlossen bleiben wird, wenn sie sich nicht ernsthaft um ihre Entwicklung bemühen.

Die inspirierende Liebe erfordert Weisheit. Sie kombiniert Sanftmut mit Strenge im erforderlichen Maße. Gelingt es Ihnen, diese Stufe der Liebe zu erreichen, so werden Sie als hervorragender geistiger Anführer in dieser Welt anerkannt.

Darüber steht die *vergebende Liebe*, ein geistiger Zustand, der eine viel tiefere Form der Liebe darstellt. Solange Sie auf Ihr eigenes Ego oder das Selbst, das im Ego isoliert von anderen sitzt, bedacht sind, werden Sie nicht über den Grad der inspirierenden Liebe hinausgelangen.

Wenn Sie jedoch einen höheren Bewusstseinszustand erreichen, werden Sie allmählich feststellen, dass Sie Sie selbst sind - und zugleich auch nicht. Sie werden spüren, dass Sie in der unermesslichen Hand Gottes oder Buddhas leben, dass Sie sich in seiner Hand befinden. Außerdem werden Sie erkennen, dass Ihr Dasein in dieser Welt nur einem Finger an seiner Hand entspricht und dass Sie in dieser Welt als einer seiner Finger aktiv sind. Sie werden mit der Zeit eine tiefere Betrachtungsweise des Lebens entwickeln, die auf dem Glauben beruht, dass Sie zugleich Sie selbst, aber auch etwas anderes sind - dass Sie auserwählt wurden, um Gottes Aufgabe auszuführen, und dass Sie in dieser Welt ein Teil seines Willens sind.

Während Sie diese tiefgehende Sicht des Lebens entwickeln, werden Sie imstande sein, die Dinge mit tiefer Barmherzigkeit zu betrachten. Sie werden von allem Lebendigen berührt werden, das in dieser Welt eine geistige Vervollkommnung durchmacht. Egal, wie falsch eine bestimmte Person zu leben scheint - Sie werden imstande sein, in ihr das Licht des Guten zu sehen, das Licht ihrer Buddha-Natur, der göttlichen Natur. Sie werden verstehen, dass sie, obgleich sie in ihrem Innern Göttlichkeit beherbergt, derzeit für Vergehen leidet, die von falschen Denkweisen oder Fehlern in ihrem Herzen herrühren.

Wenn Sie diesen Geisteszustand erlangen, werden Sie feststellen, dass Sie sogar für Menschen Liebe und Barmherzigkeit empfinden können, die Fehler begangen haben. Sie werden sich dann fragen, ob Sie ihnen dabei behilflich sein können, ihre Göttlichkeit zum Strahlen zu bringen. Selbst wenn es Ihnen schwerfallen mag, diese Menschen zu lieben, werden Sie diese aufgrund ihrer Buddha-Natur, aufgrund des Lichtes Buddhas, das in ihnen lebt, lieben können.

Sie werden auch von allen lebendigen Wesen dieser Welt berührt werden. Sie werden vom Leben der Pflanzen und Blumen beeindruckt sein und das göttliche Licht in den Tieren spüren, die versuchen, ihr Leben voll auszuschöpfen. Sie werden feststellen, dass auch Tiere bestrebt sind, sich geistig weiterzuentwickeln. Sie nutzen die Weisheit, die sie besitzen, bei der Futtersuche, kämpfen darum, sich vor ihren Feinden zu schützen, geben alles, um ihre Jungen großzuziehen, und versuchen, mitten im frostig-kalten Winter, wenn es wenig zu fressen gibt, etwas Gras zu finden. Ihr Leben ist nicht einfach, doch sie geben ihr Bestes, um ihre Seele zu entwickeln und eine höhere Stufe zu erreichen.

Wenn Sie ein Tier sehen, denken Sie vielleicht: „Der Pfad der Reinkarnation, der zu einer menschlichen Existenz führt, ist lang, doch im Grunde haben Tiere das gleiche Wesen wie der Mensch. Auch sie teilen die gleichen elementaren Gefühle von Freude, Wut, Trauer und Vergnügen. Manche mögen den Wunsch hegen, eines Tages nach einem langen, langen Reinkarnationsprozess zum Menschen zu werden." Die Form der Erleuchtung, bei der man imstande ist, das göttliche Licht in allen Lebewesen zu sehen, ist charakteristisch für die Stufe der vergebenden Liebe. Sie werden imstande sein, Dinge zu erkennen, die Ihnen auf der Stufe der inspirierenden Liebe noch nicht klar waren, und werden von vergebender Liebe erfüllt werden.

Die nächste Stufe der Liebe, die *personifizierte Liebe*, ist die Liebe der großen Engel. Dabei handelt es sich um einen erhabenen Zustand, mit dem sich die meisten Menschen im Augenblick nicht allzu sehr zu beschäftigen brauchen. Zunächst sollten Sie sich auf die elementare Liebe, die inspirierende Liebe und die vergebende Liebe konzentrieren. Die personifizierte Liebe bezeichnet einen Zustand, bei dem die reine Existenz einer Person den Zeitgeist widerspiegelt und Licht auf diese Welt wirft. Diese Stufe suchen Sie nicht aktiv. Sie ist dennoch wirksam, und die nachfolgenden Generationen werden sie anerkennen.

Nichtsdestotrotz können Sie sich zum Ziel setzen, wie die Sonne zu werden und allen Wesen Leben zu bringen. Wenn Sie den Wunsch haben, die Verkörperung von Barmherzigkeit zu werden, wie eine Wolke, die die Natur mit Regen beglückt, die die dürstende Erde mit der Wohltat des Wassers erquickt, so ist dies das Verlangen, die personifizierte Liebe zu manifestieren. Es ist die Entschlossenheit, das Licht nicht nur den Menschen in Ihrem unmittelbaren Umfeld, sondern möglichst vielen zukommen zu lassen.

Happy Science vermittelt die Wahrheit durch verschiedene Aktivitäten. Doch es gibt Grenzen für das, was man in dieser Welt erreichen kann. Obgleich wir Bestseller veröffentlichen, gibt es immer noch Menschen, die diese Bücher nicht erreichen. Ganz gleich, wie viel ich lehre oder wie viele Vorträge ich halte - es gibt immer noch Menschen, die meine Worte nicht vernehmen. Obgleich wir CDs und DVDs von meinen Vorträgen produzieren, gibt es immer noch Menschen, die diese nicht besitzen. Selbst wenn wir Übersetzungen von unseren Büchern veröffentlichen, gibt es immer noch Menschen, die nicht damit in Berührung kommen. Es gibt sehr, sehr viele solcher Menschen. Trotzdem ist es mein beständiger Wunsch, die Wahrheit so vielen Menschen wie möglich zu vermitteln und ihnen das Glück zu bringen. Diese riesige Aufgabe ist mein Ziel, und sie ist auch das Ziel all derer, die sich uns angeschlossen haben und bei Happy Science studieren.

Angesichts dieser großen Leidenschaft mag die Form der Liebe, die auf den Umgang mit der Familie und Freunden beschränkt ist, sehr unbedeutend erscheinen - doch von diesem ersten Schritt aus müssen Sie mehr Barmherzigkeit und Leidenschaft entwickeln.

Es gibt also die verschiedenen Entwicklungsstufen der Liebe. Natürlich überschneiden sich diese Stufen. Die elementare Liebe enthält Elemente der inspirierenden Liebe, die inspirierende Liebe enthält wiederum sowohl Elemente der elementaren als auch der vergebenden Liebe. Darüber hinaus kann jeder zu einem gewissen Grad selbst zur personifizierten Liebe werden. Innerhalb der eigenen Familie müssen Sie selbst ein Stück weit personifizierte Liebe verkörpern. Ein Vater muss strahlen als Vater, eine Mutter muss strahlen als Mutter und die Kinder müssen strahlen als Kinder. Jeder muss in der Schule oder in seinem nachbarschaftlichen Umfeld strahlen. Im kleinen Rahmen ist die personifizierte Liebe für jeden erfahrbar.

Jede Stufe der Liebe ist anders als die anderen - und doch zugleich auch gleich. Dies rührt daher, weil die Liebe sich auf verschiedenen Entwicklungsstufen auch auf verschiedenen Ebenen ausdrückt, doch jede Stufe besitzt jedes Element der anderen Stufen. Der einzige Unterschied besteht darin, welche Facette am stärksten zum Ausdruck gebracht wird. Diese Vorstellung von den Entwicklungsstufen der Liebe beinhaltet Stufen der Erleuchtung und Stufen der Liebe.

Wenn sich das Prinzip der Liebe verbreitet, wird die Welt Frieden finden

Das Prinzip der Liebe besagt, dass die Menschen aufhören sollten, Liebe von anderen zu nehmen, und stattdessen Liebe geben sollten. Dies ist ein Segen, denn wenn es Ihnen gelingt, dieser Lehre zu folgen, bekommen Sie Zutritt zum Himmel.

Wenn es Ihnen jedoch an der nötigen Weisheit fehlt, die gebende Liebe zu praktizieren, so werden Sie oft scheitern.

Manchmal kann es sein, dass Sie anderen schaden - mit der Folge, dass diese moralisch verdorben werden. Vielleicht loben Sie jemanden, der einen Fehler begeht. Damit verschlimmern Sie seinen Fehltritt noch. Befinden Sie sich in solch einer Situation, so müssen Sie Ihre Weisheit einsetzen. Die Weisheit gebietet es manchmal, dass Sie Menschen ermahnen müssen, auch wenn Sie das gar nicht möchten. Bisweilen müssen Sie eine ernste Miene aufsetzen und die Strenge eines Vaters annehmen, um andere leiten zu können. Sie müssen auch diese Form der inspirierenden Liebe erlernen.

Während in Ihnen die inspirierende Liebe wächst, werden Sie die Fähigkeit entwickeln, deutlicher zwischen Gut und Böse zu unterscheiden. Wenn Sie sich jedoch zu stark darauf fokussieren, zwischen den beiden zu unterscheiden, werden Sie nicht mehr mit Gottes Willen im Einklang sein. Die vergebende Liebe überwindet diesen Zustand: Mit einer tiefen Barmherzigkeit für alle Lebewesen können Sie die Grenze zwischen Gut und Böse überschreiten.

Außerdem müssen Sie fest entschlossen sein, so strahlend wie möglich durch die Jahrzehnte oder das Jahrhundert dieses Lebens zu leuchten. Sie müssen mit dem starken Wunsch leben, so vielen Menschen wie möglich Licht zu bringen, so viel Licht wie möglich auszustrahlen, wie eine Laterne in der Nacht, die zum Leuchtturm im Hafen wird und ihr Licht so weit wie möglich aussendet. Jeder, der sich auf der Suche nach der Wahrheit befindet, muss sich diese Entwicklungsstadien der Liebe ins Gehirn einmeißeln.

Wenn die Menschen die Stufen der Liebe praktisch anwenden, werden die meisten von ihnen mit Sicherheit auf der ersten Stufe stecken bleiben. Auch wenn Sie versuchen wollen, zur personifizierten Liebe zu werden, werden Sie feststellen, dass es nicht leicht ist, auch nur die erste Stufe der Liebe in die Praxis umzusetzen - vielleicht liegen Sie mit Ihrem Partner, Ihren Kindern,

Ihren Eltern, Ihren Geschwistern, Ihren Freunden oder womöglich auch mit Ihrem Chef bei der Arbeit im Streit, oder Sie sind neidisch auf Ihre Kollegen. Es gibt viele Fallen, die Sie daran hindern können, dabei erfolgreich zu sein, die Liebe zu leben. Daher kann man unmöglich behaupten: „Ich habe diese Stufe hinter mir - meine spirituelle Entwicklung ist somit abgeschlossen." Sie werden immer wieder an den Anfang zurückkommen und wieder vor neue Herausforderungen gestellt werden. Daher ist es wichtig, sich selbst ständig zu überprüfen und weiter an der eigenen geistigen Vervollkommnung zu arbeiten.

Dies ist das Prinzip der Liebe. Würde es jedem gelingen, es zu meistern, würde der Frieden in dieser Welt Wirklichkeit werden. Damit würde auch die christliche Lehre der Liebe eine neue Facette erhalten. Es gibt dauernd Konflikte in dieser Welt, obgleich das Christentum die Liebe predigt. Fügt man ihr die buddhistischen Lehren der Liebe hinzu und verwandelt sie so in eine Lehre der Barmherzigkeit, so wird alle Zwietracht enden. Aus diesem Grund wird allein die Tatsache, dass Happy Science diese Lehren weltweit verbreitet, der Menschheit ein beträchtliches Maß an Glück bescheren.

4
Das Prinzip der Weisheit

Setzen Sie Ihr Wissen in die Praxis um und verwandeln Sie es in Weisheit

Das zweite Prinzip des Glücks ist *das Prinzip der Weisheit*. Nie zuvor im Laufe der Reinkarnationen einer Seele gab es eine solch großartige Gelegenheit zu lernen wie heute, in unserem großartigen Zeitalter der Information.

Nehmen Sie die Tatsache zur Kenntnis, wie viele Bücher veröffentlicht werden - das Bildungsangebot hat demnach einen sehr hohen Stand erlangt, und der menschliche Intellekt erreicht neue Höhen. Noch niemals in der Geschichte hat die Welt einen solchen Massen-Intellektualismus erlebt wie heute. Im Vergleich zu den Menschen, die in der Vergangenheit lebten, verfügen die Menschen von heute über ein nahezu gottgleiches Wissen - oder haben zumindest die Gelegenheit, dieses zu erlangen.

Ich wünsche mir, dass jeder, der in der heutigen Zeit lebt, sich gründlich in das Studium der Wahrheit vertieft. Daher stelle ich hier das Prinzip der Weisheit vor. Natürlich beginnt das Prinzip der Weisheit mit dem Studium der Wahrheit, doch das bedeutet nicht, dass man diese nur als reines Wissen abspeichert. Ich möchte, dass Sie dieses Wissen auch in Ihrem alltäglichen Leben praktisch nutzen, es in Form von religiösen

Aktivitäten oder am Arbeitsplatz in die Praxis umsetzen und es als Ihre persönliche Erleuchtung erleben und dabei in Weisheit verwandeln.

Man kann ein beliebiges Maß an Wissen über die Wahrheit erlangen. Ich habe viele verschiedene Formen der Wahrheit vorgestellt, so dass jeder diese auf sein eigenes Leben anwenden kann. Doch wenn es darum geht, Probleme zu lösen, sind die Meinungen der Menschen in einer bestimmten Hinsicht gespalten. Manche haben besondere Schwierigkeiten mit der Liebe, während andere ein Problem in einem anderen Bereich haben. Um Probleme im Leben zu lösen, gibt es eine bestimmte Richtung, die die Menschen einschlagen müssen. Die Grundlage, die für dieses Wissen unerlässlich ist, ist das Wissen über die Wahrheit.

Es ist wichtig, dass man dieses Wissen in die Praxis umsetzt und meistert, so dass man imstande ist zu sagen: „Ich verstehe - so sollte man es machen. Das räumt mit meinen falschen Vorstellungen auf, löst meine Probleme und erlaubt es mir, mich zu befreien." Sie müssen diese kleinen „Aha-Erlebnisse" der Erleuchtung machen. Es gibt endlos viele davon. Womöglich werden Sie jeden Tag, jede Woche oder jeden Monat eine kleine Form der Erleuchtung erleben. Es ist ganz wichtig, dass sich diese häufen.

Bauen Sie sich also ein Grundwissen über die Gesetze der Wahrheit auf, indem Sie diese studieren. Setzen Sie diese bei Ihren täglichen Erlebnissen ein, und verwandeln Sie dieses Wissen in Weisheit. Ihre so gewonnenen Weisheiten können Sie dann auch einsetzen, um andere Menschen zu begleiten. Wenn Sie Menschen begegnen, die unter dem gleichen Problem leiden, werden Sie ihnen Worte anbieten können, die ihnen die Augen öffnen - Worte der Erleuchtung, die ihnen helfen werden, ihre Probleme zu lösen.

Angenommen, Sie hätten eine Scheidung hinter sich. Um diese zu überwinden, werden Sie die Wahrheit studieren, sie in Ihrem täglichen Leben in die Praxis umsetzen und über Ihr Problem immer wieder nachdenken, bis Sie eine Antwort gefunden haben. Ist Ihnen dies gelungen, so werden Sie imstande sein, mit jemandem, der in der gleichen Situation steckt, zu reden und diesem Ihre Unterstützung anbieten, wenn er Ihnen begegnet.

Vielleicht leiden Sie darunter, dass Ihr Unternehmen in Konkurs gegangen ist. Doch indem Sie der Wahrheit begegnen, sind Sie imstande, Ihre Verzweiflung zu überwinden. Wenn Sie dann jemandem in der gleichen Situation begegnen, der gerade Selbstmord begehen will, um zu versuchen, dem zu entrinnen, werden Sie diese Person zum Nachdenken anregen und davon abhalten können. Um Menschen in dieser Weise vor dem Selbstmord zu bewahren, bedarf es mehr als nur Wirtschaftswissen. Wenn Sie nicht, während Sie sich praktisches Wissen in der Geschäftswelt angeeignet haben, zugleich auch die Wahrheit studiert und ein Verständnis für die Wahrheit der geistigen Welt und die wahre Essenz des Lebens erworben haben, werden Sie nicht imstande sein, jemanden von einem Selbstmordversuch abzuhalten, weil er im Geschäftsleben gescheitert ist. Einem Arzt oder Polizisten sind Grenzen bei dem gesetzt, was er tun kann, um solche Menschen zu retten – es ist die Aufgabe der religiösen Menschen, und diese Menschen braucht es.

Selbst wenn Sie persönlich gelitten haben, werden Sie, sobald Sie Wissen über die Wahrheit erworben haben, imstande sein, diese Erfahrung in Licht umzuwandeln und Worte der Weisheit zu sprechen, um andere zu führen. Das müssen Sie lernen. Es ist wichtig, dass Sie lernen, Ihr Wissen über die Wahrheit in Weisheit zu verwandeln.

Eine Religion, die so aufgebaut ist, dass sie für neue Erkenntnisse offen ist

Dank des Prinzips der Weisheit bleibt Happy Science auch offen für die Welt des Wissens und der Informationen, und wir werden nicht zu einer altmodischen Religion. Unsere Religion schränkt sich nicht selbst ein, indem wir auf die Vergangenheit zurückblicken. Sie ist eine Religion, die die Menschen auch in Zukunft retten wird. In dieser Hinsicht ist es eine Religion, die sich weiterentwickelt und so strukturiert ist, dass sie für neue Erkenntnisse offen ist. Es ist eine Religion, die bereit ist, neues Wissen oder neue Technologien zu übernehmen - vorausgesetzt, diese folgen den Prinzipien, die den Menschen Glück bringen.

Es gibt bestimmte grundlegende Gesetze, die sich seit alters her nicht verändert haben. Man kann diese nicht gewaltsam verdrehen. Doch wir würden nicht zögern, bessere Ideen, Informationen und Erkenntnisse zu übernehmen, die heutzutage zur Verfügung stehen, was die Dinge in dieser Welt betrifft, die ja dem Wandel unterworfen ist. Wir pflegen eine Struktur, die offen für die Welt des Wissens ist. Daher vermitteln wir der modernen Gesellschaft Informationen und äußern unsere Meinung zur Zukunft. Wir beharren nicht darauf, zurück in die Steinzeit zu gehen.

Die Wahrheit ist unabänderlich. Daher ist sie auch heute noch gültig. Doch diese unabänderliche Wahrheit kann das Gewand neuer Informationen oder neuer Erkenntnisse anlegen, um neue Funktionen auszuführen. Mit anderen Worten: Sie kann Menschen heute von ihren Sorgen erlösen. Würden wir im Steinzeitalter leben, so wären unsere Sorgen etwa darauf beschränkt, wie man Geschirr töpfert und Ähnliches. Doch die Sorgen von heute sind viel komplexer. Daher ist Steinzeitwissen freilich nicht mehr länger angemessen.

Natürlich mag es sein, dass wir in einer Situation, die außerhalb unseres Erfahrungshorizontes liegt, nicht helfen können. Doch Happy Science bleibt offen. Wir sind jederzeit bereit, neue Erkenntnisse aufzunehmen. Wir sind keine geschlossene Organisation und fallen in diesem Sinne nicht in die Kategorie „Sekte".

Happy Science ist sowohl für Informationen aus der akademischen Welt als auch aus der Presse offen. Religiöse Organisationen neigen normalerweise dazu, sich neuen Informationen oder Erkenntnissen zu verschließen, weil der Versuch, neue Ideen einzubringen, zur Zerstörung ihres Lehrsystems führen könnte. Wir sind in dieser Hinsicht offen, da wir Vertrauen sowie den Willen besitzen, Dinge zu verändern, wenn wir bei uns selbst Fehler finden.

5
Das Prinzip der Selbstreflexion

Die Kraft der Selbstreflexion ermöglicht es, Fehler, die man in der Vergangenheit begangen hat, zu korrigieren

Das dritte Prinzip ist *das Prinzip der Selbstreflexion*. Der edle Achtfache Pfad ist eine buddhistische Methode der Selbstreflexion, doch es handelt sich dabei um eine relativ schwierige Lehre. Eine viel einfachere Möglichkeit besteht darin, über Ihre eigene Moral nachzudenken und darüber, wie Sie von Ihren Eltern beigebracht bekamen, darüber nachzudenken, was Sie getan hatten, als diese mit Ihnen als Kind geschimpft haben.

Sie sollten unbedingt wissen, dass die Selbstreflexion eng mit Ihrer Weltanschauung verknüpft ist. Ich möchte, dass Sie wissen, dass die Selbstreflexion in der Welt, die diese Welt mit der geistigen Welt verbindet, nach den gleichen Prinzipien funktioniert wie die Gesetze der Physik, im Kontext der Wahrheit. Ich möchte auch, dass Sie sich dessen bewusst sind, dass die Selbstreflexion Ihren Weg bestimmt.

Während die Menschen in dieser Welt leben, sind sie blind. Weil es so viel gibt, was sie nicht verstehen, machen sie viele Fehler. Doch Gott und die Engel, Buddha und die Bodhisattwas im Himmel haben Verständnis dafür. Sie wissen nur zu gut, dass sie sich, wenn sie selbst wieder in diese Welt geboren werden, so wie jeder andere auch, auf ihrem Weg vorwärtstasten müssen. Daher empfinden sie für jeden, der auf Erden lebt, tiefe Barmherzigkeit.

Alle Menschen machen Fehler. Sie sind mit der Freiheit gesegnet, dies zu tun. Dies ist erlaubt, weil sie die Fähigkeit besitzen, diese Fehler zu korrigieren. Selbst wenn Sie einen Fehler begangen haben, können Sie darüber nachdenken. Weil Sie über Ihre Handlungen reflektieren und diese bereuen können, können Sie Fehler auch wieder „ausbügeln".

Sobald etwas getan und in dieser Welt Fakt oder physische Realität geworden ist, kann es unmöglich sein, dies wieder rückgängig zu machen. Doch was die geistige Einstellung betrifft oder was im Geiste abläuft, das kann rückgängig gemacht werden, da die innere Welt die Vergangenheit, Gegenwart und Zukunft umfasst. Wäre es unmöglich, Fehler rückgängig zu machen, so gäbe es keine Möglichkeit, sich in Selbstreflexion zu üben. Zerschlagen Sie zum Beispiel eine Vase, so können Sie das Geschehene nie wieder ungeschehen machen - die Vase wird nie mehr wieder ganz werden, ganz gleich, wie tief Sie das auch bereuen mögen. Bereuen Sie jedoch etwas, wo Sie falsch gehandelt haben, denken Sie über diese Missetat tief in Ihrem Innern nach, so wird diese Sünde aus Ihrer Vergangenheit gelöscht.

Im Geist eines jeden von uns gibt es ein sogenanntes „Gedankenband". Dort werden all unsere Gedanken und Taten aufgezeichnet, auch die negativen, die als „Verluste" aufgezeichnet werden. Alles, was Sie seit Ihrer Geburt getan haben, ist hier aufgezeichnet. Sie müssen all diese Einträge im Lichte der Wahrheit betrachten und Ihre Missetaten bereuen. Wenn Sie korrigieren, was Sie getan haben, indem Sie denken: „Das war falsch. Ich hätte anders handeln müssen. Doch ich werde es nie wieder tun. Ich werde diese Samen des Negativen nie wieder säen", werden die Gedanken und Taten, die als „Verluste" aufgezeichnet wurden, verwandelt und erscheinen in goldenen Buchstaben.

Während viele Dinge in dieser Welt nicht rückgängig gemacht werden können, kann das, was in Ihrem Geiste sitzt, hinweggewaschen werden. Aus diesem Grunde haben Sie die Möglichkeit der Selbstreflexion erhalten. Durch diese können Sie Taten in der Vergangenheit ungeschehen machen. Wenn Sie mit reinem Herzen über Ihre Vergangenheit nachdenken, werden Sie imstande sein, all die Aufzeichnungen, die als Verluste eingetragen worden sind, so auszulöschen, wie Sie Geschriebenes mit einem Radiergummi wieder ausradieren können. Damit haben Sie eine große Macht geschenkt bekommen. Wenn Sie daher viele Missetaten begangen haben und denken: „Bei mir ist jegliche Hoffnung verloren, für mich gibt es keine Rettung“, sollten Sie in diesem Augenblick noch umgehend einen Neustart machen. Sie können mit der geistigen Vervollkommnung durch die Selbstreflexion beginnen und sich ändern. Wenn Sie dadurch ein bestimmtes Level erreicht haben, werden Sie feststellen, dass die Sünden Ihrer Vergangenheit vollständig gelöscht sind.

Einmal habe ich einen Vortrag mit dem Titel „Der Feind ist in mir“ gehalten. Darin habe ich die Geschichte von Angulimala erzählt, einem niederträchtigen Banditen aus Indien zur Zeit Shakyamuni Buddhas. Etwa eine Meile von den Ruinen des alten buddhistischen Zentrums entfernt, dem Kloster Jetavana in Indien, befindet sich der große Grabhügel von Angulimala. Er ist viel größer als alle anderen Gräber in dieser Region, sogar größer als die Gräber der zehn Jünger von Shakyamuni Buddha - es ist tatsächlich das größte Grabmal rund um das Kloster Jetavana.

Angulimala war ein furchteinflößender Übeltäter, der hundert, vielleicht sogar tausend Menschen getötet haben soll. Eines Tages jedoch erkannte er den Irrtum seiner Lebensweise. Er bereute seine früheren Taten zutiefst und schloss sich Shakyamunis Orden an. Er übte sich mit seiner Bettelschale in täglicher spiritueller Disziplin, während ihn die Menschen vor Ort mit Steinen bewarfen. So tat dieser schreckliche Mensch beständig und inständig Buße und bemühte sich sehr darum, sich selbst zu disziplinieren, um ein Bodhisattwa des Lichts zu werden. Die Menschen waren schließlich so berührt von seinen enormen Bemühungen, dass sie ihm ein großes Grabmal errichteten, als er starb. Selbst heute noch, 2.500 Jahre später, zollen die Menschen ihm Respekt.

Die Menschen haben auch erkannt, dass die Bemühung um eine Verwandlung vom Bösen zum Guten eine enorme Erlöserkraft besitzt.

Ein reiner Mensch, der richtig und korrekt lebt ohne einen einzigen Makel des Bösen, kann viel Kraft haben, andere zu retten. Wer jedoch zahlreiche Verbrechen begangen hat, diese daraufhin aufrichtig bereut, sich dem Guten verschreibt und ein neues Leben beginnt, hat ebenfalls die Kraft, unzählige Seelen zu retten.

Der Buddhismus erkennt diese Tatsache an. Er predigt nicht, dass sich jemand, der ein einziges Verbrechen begangen hat, für immer die Erlösung verbaut, sondern lehrt vielmehr, dass jemand, der ein neues Kapitel in seinem Leben aufschlägt und sich auf den Weg zur Erleuchtung begibt, größere Macht erlangen kann als jemand, der nie eine einzige Sünde begangen hat. Solche Menschen haben die Chance, ein noch viel stärkeres Licht zu entfalten, um andere anzuführen. Dies ist die Kraft der Selbstreflexion. Ich möchte, dass diese jeder kennt.

Natürlich gibt es neben der Selbstreflexion auch noch das Gebet. Sie können die Kraft des Gebetes für die Zukunft einsetzen. Wenn Sie richtig beten, wird es Ihnen möglich sein, Ihre Zukunft zu verwandeln.

Erleben Sie, welche Erleichterung es ist, von negativen geistigen Einflüssen befreit zu sein

Ich möchte gern, dass jeder erlebt, wie man durch aktive Praxis die Kraft erfahren kann, die durch Selbstreflexion entfaltet werden kann. Dies ist eine mystische Erfahrung der inneren Welt.

Ich bin mir sicher, dass viele Menschen, sobald sie eine gewisse Stufe erreicht haben, das Gefühl haben, dass verirrte Geister, durch die sie jahrelang negativ beeinflusst wurden, plötzlich von ihnen abfallen. Sie mögen glauben, dass verirrte Geister kein Körpergewicht besitzen, weil sie geistige Wesen sind. Doch in Wirklichkeit lasten verirrte Geister schwer auf der Seele. Auch wenn ein Geist in dieser Welt kein Gewicht besitzen mag, so wiegt er im spirituellen Sinne doch schwer.

Es gibt Menschen, die 5, 10 oder sogar 20 Jahre lang von einem Geist besetzt sind, sowie Menschen, die diese Geister schon von ihren Eltern geerbt haben und sie seit ihrer Kindheit unwissentlich mit sich herumtragen. Sie sollten wissen, dass ein Geist durch Selbstreflexion entfernt werden kann, unabhängig davon, wann er Sie das erste Mal besetzt hat. Wenn er Sie verlässt, werden sich Ihre Schultern, Ihr Rücken und Ihre Wirbelsäule leichter anfühlen. Es wird sich so anfühlen, als hätten Sie eine schwere Last abgelegt. Sie werden sich wirklich viel erleichterter fühlen, wenn ein Geist Sie verlassen hat. Ihre Wangen werden leuchten, und ein warmes Licht wird Ihren Brustraum erfüllen. Ich wünsche mir, dass Sie dies erfahren dürfen. Diese geistige Erfahrung kann jeder Einzelne machen.

Menschen, die sich Sorgen über Sorgen gemacht haben, die großen Schmerz erlitten haben, bevor sie schließlich zur Wahrheit gelangt sind, werden zweifellos das Phänomen der Besetzung durch verirrte Geister erfahren haben. In vielen Fällen sind diese Menschen unter negative geistige Einflüsse geraten.

Wäre dies nicht der Fall gewesen, so hätten sie nicht so immens gelitten. Sie leiden Tag und Nacht, weil sie von Geistern besetzt sind. Sie werden von einem Geist beeinflusst, der sich an ihrem Leiden labt und versucht, ihre Sorgen zu verschlimmern und sie in die Hölle hinabzuziehen.

Man spürt eine extreme Erleichterung, wenn man diese Geister vertreibt. Man fühlt sich wieder frisch. Wie ich bereits erklärt habe, wird Ihr Puls leichter und Ihr ganzer Körper scheint zu schweben. Ich wünsche mir, dass Sie das erleben dürfen. Es ist, als würde jemand, der schon zehn Jahre lang nicht mehr gebadet hat, sich in eine Badewanne setzen und all den Schmutz, der sich angesammelt hat, abwaschen dürfen. Sie fühlen sich erwärmt und behaglich. Diese spirituelle Erfahrung kann man ohne jegliches Risiko genießen. Ich möchte, dass Sie selbst ausprobieren, wie es sich anfühlt.

Diese Erfahrung mag sich einstellen, wenn Sie gerade richtig in eine Selbstreflexion vertieft sind oder während Sie eines meiner Bücher lesen. Sie kann geschehen, während Sie ein Seminar besuchen oder an einer Meditation oder einem Gebet in einer unserer Gruppen vor Ort oder in unseren Zentren selbst teilnehmen. Plötzlich werden Sie das Gefühl haben, etwas würde von Ihnen abfallen und Ihr Körper würde leichter werden. Es lässt sich unmöglich vorhersagen, wann dies geschehen wird. Wenn Sie jedoch bei Happy Science weiterhin aktiv bleiben, wird sich diese Gelegenheit einstellen. Wenn ich die Gesetze der Wahrheit formuliere, Seminare und Rituale vorbereite und Lektoren einweise, vergegenwärtige ich mir diese Tatsache stets aufs Neue. Ich tue all dies, weil ich weiß, dass jeder diese Erfahrung einmal machen wird. Man kann nicht vorhersagen, wann dieses Erlebnis eintreten wird. Aber wenn es eintritt, wird es Ihr Leben verändern, da bin ich mir ganz sicher.

Falls Sie unter einen negativen geistigen Einfluss geraten sind, besteht der erste Schritt darin, diesen zu beseitigen. Tun

Sie dies nicht, so gelingt es Ihrem Schutzgeist nicht mehr, mit Ihnen in Kontakt zu treten. Wenn Ihre Ohren verstopft sind, kann er sich noch so sehr anstrengen, mit Ihnen zu kommunizieren - Sie werden ihn nicht hören.

Menschen, die unter negative geistige Einflüsse geraten sind, wird es unmöglich sein, in ein Zentrum vor Ort oder in ein Meditationszentrum von Happy Science zu kommen, auch wenn sie eingeladen sind und vorher eine Einführung erhalten sowie Bücher über die Wahrheit gelesen haben. Wenn sie versuchen, eines unserer Gebäude zu besuchen, werden sie feststellen, dass alle möglichen Dinge passieren, um sie davon abzuhalten. Es kann zum Beispiel sein, dass ein Familienangehöriger in einen Unfall verwickelt wird, dass ihre Familie versuchen wird, sie zu stoppen, oder aber sie nähern sich dem Gebäude, nur um dann abrupt auf dem Absatz kehrtzumachen und wieder nach Hause zu gehen. Ich bin mir sicher, dass viele unserer Gläubigen bereits eine Erfahrung dieser Art gemacht haben.

Dies passiert, weil ein herumirrender Geist, der sie beeinflusst, sie daran hindert, ein Gebäude von Happy Science zu betreten. Der Geist weiß, dass all das Unheil, für das er über die Jahre gesorgt hat, aufgedeckt werden wird und er die Person nicht mehr besetzen kann, wenn diese zu einem unserer Anhänger wird. Dies trifft besonders dann zu, wenn jemand das Symbol des Herrn empfängt, den Gegenstand der Verehrung von Happy Science, und einen Altar in seinem Haus aufstellt. Der Geist fühlt sich dann quasi unter beständiger strenger Aufsicht. Jeden Tag, wenn die Person unsere wichtigsten Sutras („Buddhas Lehre - Dharma der rechten Gesinnung") rezitiert, hat der Geist das Gefühl, als würde man ihm eine Predigt halten, und das ist für ihn unerträglich. Er wird denken: „Will dieser Mensch das denn auf ewig praktizieren? Wird er weitermachen, bis er stirbt? Falls dies der Fall ist, glaube ich, dass unsere Beziehung die längste Zeit bestanden hat."

Sie können erkennen, wie wichtig es in diesem Zusammenhang ist, ein religiöses Leben zu führen, um sich anzugewöhnen, geistige Vervollkommnung regelmäßig zu praktizieren. Es reicht nicht aus, nur gelegentlich zu üben. Wenn der Betreffende „Buddhas Lehre - Dharma der rechten Gesinnung" jeden Tag vor dem Altar rezitiert, sich in Selbstreflexion übt und Gebete spricht, wird ein Licht, das für verirrte Geister schmerzhaft ist, zu erstrahlen beginnen, bis der Geist schließlich gezwungen ist zu gehen. Er wird langsam abfallen. Am Ende ist der Moment gekommen, da das letzte Band zerreißt - und eines Tages wird der Geist plötzlich verschwinden. Die betroffene Person hat endlich den Punkt erreicht, da der verirrte Geist nicht mehr zurückkehren kann.

Anfangs wird der Geist zwar gehen, doch er wird wiederkehren, um die Person erneut zu besetzen. Dann wird er wieder weichen, um sie danach erneut zu besetzen - und immer wird er versuchen, sie zu behindern und zu belästigen. Handelt es sich beispielsweise um einen verheirateten Mann, der zum Gläubigen geworden ist, und dessen Frau versucht, Widerstand gegen seinen Glauben zu leisten, so wird der Geist in die Frau schlüpfen und alles tun, um ihn davon abzuhalten, bei seinem Glauben zu bleiben. Er wird sie dazu bewegen zu sagen: „Ich will nicht, dass du zu Happy Science gehst und an diesen Aktivitäten teilnimmst." Oder: „Ich möchte, dass du nächsten Sonntag daheim bleibst und dich um den Garten kümmerst."

Dies passiert anfangs oft. Höchstwahrscheinlich liegen Sie nicht falsch, wenn Sie denken, dass der verirrte Geist, der Sie einst besetzt hatte, auf Ihren Partner übergesprungen ist. Doch er wird allmählich schwächer werden. Wenn Sie mit ihm brechen und Ihrem Partner und Ihren Kindern allmählich die Wahrheit vermitteln, werden Sie bei sich zu Hause ein starkes Lichtfeld erzeugen. Letztendlich kann der verirrte Geist nicht mehr bleiben.

Diese Arbeit ist für unsere Augen nicht sichtbar. Es handelt sich vielmehr um eine geistige Übung, die ich tagtäglich weltweit durchführe, ohne Unterlass. In spiritueller Hinsicht arbeite ich 365 Tage im Jahr ununterbrochen. Ich verbringe das ganze Jahr damit, Licht weiterzugeben. In der geistigen Welt gibt es keine Ferien. Es ist ein endloser Kampf gegen verirrte Geister. Daher möchte ich, dass Sie zum Glauben finden. Wenn Sie glauben, wird das Licht erstrahlen und diese Geister bekämpfen.

Verirrte Geister sind übrigens bemitleidenswert. Sie waren einst ganz normale Menschen. Wir müssen sie also zunächst dazu bewegen, mit ihren Übeltaten aufzuhören und darüber nachzudenken, was sie getan haben. Ich möchte auch, dass sich alle Menschen dieser Erde in Selbstreflexion üben. Ich bete dafür, dass die verirrten Geister, sobald sie sehen, dass sich die Menschen auf Erden in Selbstreflexion üben und Licht aussenden, ebenfalls beginnen, über ihre Taten nachzudenken. Auf dieses Ziel möchten wir hinarbeiten und es Schritt für Schritt erreichen.

6

Das Prinzip des Fortschritts

Glück, das sich durch dieses und das nächste Leben zieht

Das vierte Prinzip ist *das Prinzip des Fortschritts* - eine Lehre, die für unsere moderne Gesellschaft ideal passt. In buddhistischen Worten ausgedrückt geht es bei dieser Lehre darum, ein Buddha-Land, ein Utopia auf Erden, aufzubauen.

In unserer irdischen Sprache bedeutet es, die Menschen, die die Wahrheit studieren, zu ermuntern, in dieser Welt erfolgreich zu sein. Denn je erfolgreicher ein Mensch ist, desto größer ist sein Einfluss. Ich möchte, dass Menschen wahre Erfolge erlangen und ihren Einfluss auf andere ausbauen, ohne jemals zu Sklaven des Geldes zu werden, ohne nur noch vom Bestreben nach Beförderung getrieben zu sein und ohne immer fixierter zu werden, indem sie sich stur an ihrer Position festklammern.

Ich möchte auch, dass die Menschen das Glück ergreifen, das sie von dieser Welt mit in die nächste nehmen können. Happy Science bietet klare Lehren über die andere Welt, so dass es unwahrscheinlich ist, dass irgendeines unserer Mitglieder nach einer Form von Glück streben würde, das nur auf diese Welt allein beschränkt ist. Ich habe nie Lehren vorgestellt, die den Menschen Glück in der anderen Welt, jedoch Unglück in dieser Welt bringen würden. Ich sage nicht, dass unsere Mitglieder in dieser Welt unglücklich sein müssen oder zum Tode verurteilt werden sollen. Es gibt religiöse Gruppen in dieser Welt, die diese Botschaft verkünden. Doch ich persönlich fühle mich für das Glück der Menschen auf dieser Welt verantwortlich und möchte es vermeiden, wieder neue Samen des Unglücks zu säen, wenn es mir möglich ist zu helfen. Es ist meine Hoffnung, dass jeder sein größtmögliches Glück sowohl in dieser als auch in der nächsten Welt erfahren wird.

Solange dies nicht auf Kosten des Glücks anderer erlangt wird, wird Glück in dieser Welt auch zu Glück in der nächsten Welt führen. Handelt es sich jedoch um Glück, das man erlangt hat, indem man über andere hinweggetrampelt ist, so wird es auch in der nächsten Welt kein Glück bringen. Ich spreche von dem Glück, das sowohl anderen als auch uns selbst Glück bringt. Ich wünsche mir, dass Sie diese Form von Glück in dieser Welt erwerben und mitnehmen, wenn Sie in die andere Welt zurückkehren.

Daher wünsche ich mir, dass sich die Laien unter unseren Gläubigen in ihren irdischen Berufen entfalten und erfolgreich gedeihen, ohne Anhaftungen zu entwickeln oder anderen Schmerz zuzufügen. Sie sollen die Kraft des Glücks, das dieser Lebensweise entspringt, nutzen, um ihren Mitmenschen die Wahrheit zu vermitteln. Zugleich möchte ich, dass diejenigen, die sich von der Welt zurückgezogen haben, um Mönch oder Nonne zu werden, ihre Erfahrungen des spirituellen Wachstums bis in die Tiefe hinein auskosten und zugleich auch von ihrem Fortschritt und Erfolg profitieren.

Wenn diese Welt zu einem Utopia wird, wird die Hölle schrumpfen

Mein Ziel ist es, diese Welt in ein Utopia zu verwandeln. Wenn diese Welt die Form einer idealen Gesellschaft annehmen würde, würde dies dazu führen, dass die Hölle „schrumpft". Obgleich wir versuchen sollten, die Hölle vollkommen zu zerstören, wäre dies extrem schwierig. Daher besteht der erste Schritt darin, den „Nachschub" an Geistern, die in die Hölle kommen, zu unterbrechen. Um dies zu erreichen, müssen wir diese Welt in eine ideale Welt verwandeln. Sobald der Nachschub an Geistern, die auf dem Weg in die Hölle sind, gestoppt ist, werden ihre Bewohner über ihr Leben nachdenken und allmählich in die himmlische Welt aufsteigen. Dies wird zu einem Rückgang der Zahl der Bewohner der Hölle führen.

Das Erste, was es zu tun gilt, ist also die Unterbrechung des Zustroms von Geistern in die Hölle. Solange es einen freiwilligen Nachschub gibt, spielt es keine Rolle, wie viele vor der Hölle gerettet werden - es wird immer genügend andere geben, die deren Platz dort einnehmen werden. Es ist ein Teufelskreis. Zuallererst muss diese Welt in ein Buddha-Land verwandelt werden. Dazu möchte ich gerne die Gesellschaft in einen Ort verwandeln, an dem die Menschen die Wahrheit erfahren, die richtige geistige Einstellung erforschen und danach streben, nach den Prinzipien des Glücks zu leben.

7

Liebe, Erleuchtung und die Erschaffung eines Utopias auf Erden

Die Lehren von Happy Science basieren auf der Erforschung der richtigen geistigen Einstellung und der konkreten Umsetzung des Vierfachen Pfades in Form der Prinzipien des Glücks. Wenn Sie meinen Lehren aufmerksam folgen, werden Sie erkennen, dass ich verschiedene Lehren vorgestellt habe, die alle den Schwerpunkt auf drei Themen haben: Liebe, Erleuchtung und die Erschaffung eines Utopias auf Erden. Diese drei Elemente sind das Kernstück unserer Lehren, zu deren Studium wir unsere Mitglieder motivieren.

Ich habe ausführlich über das Thema Liebe gelehrt. Wenn wir uns auf die Lehren der Liebe konzentrieren, werden wir das Interesse der Menschen wecken, die einen christlichen Hintergrund haben. Ich lehre auch Methoden, um eine höhere Stufe der Erleuchtung zu erlangen. Wenn wir uns auf die Erleuchtung ausrichten, fühlen sich Menschen mit buddhistischem Hintergrund angezogen. Wenn wir uns auf die Erschaffung eines Utopias auf Erden konzentrieren, können wir schließlich auch noch diejenigen ansprechen, die in der heutigen Geschäftswelt arbeiten - Menschen, die ihr Zuhause entfalten und ihr Glück in der modernen Gesellschaft erlangen möchten. Sie werden außerdem noch die Gelegenheit haben, Weisheit zu erlangen.

Wir hoffen, dass wir durch unsere allumfassende Philosophie, die stets erneuert wird, aber auch Elemente aus der Vergangenheit, Gegenwart und Zukunft beinhaltet, Erfolg haben werden. Wenn es mir gelungen ist, mit diesem Kapitel eine zeitgenössische Einführung in die Lehren von Happy Science zu geben, bin ich sehr glücklich.

Fünftes Kapitel:

Kein Zweifel – das Sonnenzeitalter steht bevor

1
Das Sonnenzeitalter

„Das Gesetz der Sonne"[4] ist ein Buch, das die Leitprinzipien von Happy Science seit der Gründung vorstellt. Dieses Werk, das ich in den frühen Anfängen unserer Aktivitäten geschrieben habe, ist für mich eine Darlegung unserer Lehren und der Erhabenheit unserer Ideale und gibt die Richtung für unsere Aktivitäten vor. Ich möchte, dass so viele Menschen wie möglich das Buch „Das Gesetz der Sonne", das all unsere Grundlehren beinhaltet, schätzen und verstehen. Ich möchte, dass es zur heiligen Schrift für das kommende Zeitalter wird und dass viele Menschen es immer wieder lesen – sowohl diejenigen, die heute leben, als auch die Menschen künftiger Generationen.

Ich möchte die Gesellschaft der Zukunft als „Sonnenzeitalter" bezeichnen, in dem sich die Wahrheit und das Wertesystem, das in dem „Gesetz der Sonne" erläutert ist, über die

---

4) Siehe: „Das Gesetz der Sonne" Kapitel 1: „Das Licht des kosmischen Bewusstseins", Kapitel 2: „Die Wahrheit Buddhas spricht zu uns ...", Kapitel 3: „Der Fluss der Liebe", Kapitel 4: „Erleuchtung auf höchster Stufe", Kapitel 5: „Das goldene Zeitalter", Kapitel 6: „Der Weg zu El Cantare (1)", Kapitel 7: „Der Weg zu El Cantare (2) – ein autobiographischer Bericht".

ganze Welt ausgebreitet haben und eine große Rolle spielen werden, um allen Menschen die richtige Führung zu geben. Es handelt sich dabei in Wirklichkeit um die gleichen Lehren, die in der alten südpazifischen Zivilisation Mu[5] ihre Hochblüte hatten, wenn sie heute auch eine andere Form haben.

---

5) Siehe „Das Gesetz der Sonne", S. 110–111.

2

Lasst uns eine Welt erschaffen, die sich auf den Glauben stützt

Das Auge des Ur-Gottes, Ur-Buddhas, des Schöpfers des Universums

Welche ist die Wahrheit, die von der Sonne symbolisiert wird? Wie die Sonne, so wird auch die Wahrheit über der gesamten Menschheit leuchten. Auf welchen Wertvorstellungen beruht die Wahrheit? Die Antwort auf diese Fragen lässt sich in mehreren Punkten zusammenfassen.

An allererster Stelle möchten wir ein Land und eine Welt schaffen, die den Glauben als ihren Stützpfeiler hat. In der heutigen Zeit hat sich in dieser Welt eine extrem materialistisch orientierte Kultur entwickelt, die uns einen sehr angenehmen Lebensraum bietet. Obgleich ich absolut nicht die Absicht habe, weltliche Annehmlichkeiten abzulehnen oder zu fordern, dass wir alle wieder in ein primitives Zeitalter zurückkehren sollten, muss ich dennoch sagen, dass es eines gibt, was wir niemals vergessen sollten, während wir in dieser materialistischen Welt leben, und das ist der „Glaube".

Wenn die Menschen die Grundprinzipien, die das Universum steuern, aus dem Blick verlieren und sich mit trivialen Dingen umgeben, geraten sie in die Irre und begehen Fehler.

Wenn nur ein oder zwei Menschen Fehler begehen, ist das vernachlässigbar. Doch wenn sich die Masse in die falsche Richtung bewegt, so wird dadurch eine massive negative Reaktion ausgelöst. Es gibt einen fundamentalen Weg, um zu verhindern, dass sich zehn bis Hunderte von Millionen Menschen auf den falschen Weg begeben, und das ist der Glaube.

Das Universum ist ein großes Vakuum, das sich bis in die Unendlichkeit erstreckt. Darin befinden sich leuchtende Sterne, die nur wie winzige Punkte wirken. Doch diese Leere ist nicht völlig verlassen. Es gibt in diesem Universum Lebewesen - und auch ein großes Wesen, das mit wohlwollenden Augen auf uns alle niederblickt.

In dem Buch „Gesetz der Sonne" beschreibe ich die Geschichte der Erschaffung des Universums. Zuerst war da der Wille. Der Wille machte es möglich, dass diese Welt entstand. Ohne den Willen hätte es den großen Urknall physikalisch nie gegeben. Man kann für die darauf erfolgte chemische Reaktion alle möglichen Erklärungen bringen. Die Wahrheit ist jedoch, dass zunächst der Wille da war. Der Wille schuf diese phänomenale Welt. Als dieser Wille auf einen spezifischen Punkt gelenkt wurde, materialisierte er sich und erschien in dieser dreidimensionalen Welt. So wie ohne Eltern kein Kind geboren werden kann, gäbe es ohne den Willen auch kein Universum. Das Universum entstand, weil der Wille da war und den Wunsch hatte, lebendige Wesen zu nähren, die sich hier entwickeln würden.

Diesen elterngleichen Willen kann man als den Willen des Ur-Gottes oder Ur-Buddhas bezeichnen. Es ist ein Blick, der von einer ganz weit entfernten Welt auf uns geworfen wird. Für seine Augen erscheint dieses dreidimensionale Universum wie ein winziger Wassertropfen, wenngleich die Menschen auf Erden es auch als unermesslich riesig wahrnehmen. Ich möchte gern, dass jeder daran glaubt. Der Ur-Gott erschuf eine große

Zahl von geistigen Lichtführern und Engeln, um seinen Willen weiterzugeben. Er hat die Menschheit und alle anderen Geschöpfe schon immer geführt. Der Glaube daran ist unerlässlich, um die Menschen daran zu hindern, den Weg in die falsche Richtung einzuschlagen.

Wie sich diese und die andere Welt gegenseitig beeinflussen

Ganz gleich, wie viele Vorstöße in der Wissenschaft und der Technologie gemacht werden mögen - es gibt einen Punkt, über den die Menschen niemals hinauskommen können. Wir können die Gesetze, nach welchen das Universum erschaffen wurde, nicht verändern. Die Menschen mögen mit wundervollen Erfindungen und vielen neuen Ideen aufwarten. Doch ganz gleich, wie sehr sie sich auch anstrengen mögen - sie sind nicht imstande, diese Gesetze zu verändern, denn diese Gesetze entspringen dem Willen des Ur-Buddhas.

Wenn ich dies sage, meine ich nicht nur die physikalischen Gesetze, die den dreidimensionalen Raum beherrschen, sondern auch die Gesetze, die das menschliche Leben steuern. Gemäß diesen Gesetzen existieren die Menschen nicht nur in physischer Form in dieser dreidimensionalen Welt. Ursprünglich waren sie auch Bewohner der Welt jenseits dieser Welt. Sie werden auf der Erde geboren, um sich spirituell zu vervollkommnen.

Dies gilt nicht nur für die Menschen, sondern auch für die Tiere und Pflanzen. Im himmlischen Reich jenseits dieser Welt blühen viele Blumen. Es gibt dort sogar Blumen, die es in unserer Welt nicht mehr gibt und die vor ganz langer Zeit hier wuchsen. Es gibt dort Tiere, die in unserer Welt heute ausgestorben sind, aber in der anderen Welt weiterleben. Die andere Welt ist die echte Welt.

Dies ist ein unabänderliches Gesetz. Es mag aus der Perspektive unserer Welt hier, in der wir von Wissenschaft und Technologie umgeben sind, völlig unverständlich erscheinen. Solche Dinge werden uns in der Schule nie beigebracht. Doch nur weil wir nichts darüber wissen, bedeutet das nicht, dass es die andere Welt nicht gibt. Sie existiert, und das lässt sich nicht leugnen. Es ist wichtig, dass wir niemals vergessen, dass wir in einer Welt mit einer dualen Struktur leben. Außerdem existieren diese und die geistige Welt nicht unabhängig nebeneinander her - sie überschneiden sich und beeinflussen sich gegenseitig.

In jüngster Zeit wird die Frage um die Existenz der anderen Welt auf der Basis der Beschreibungen derjenigen diskutiert, die eine Nahtoderfahrung hatten. Manche sagen: „Die Welt, die sich während einer Nahtoderfahrung zeigt, ist voller Blumen, oder sie scheint einer Welt aus vergangenen Zeiten zu ähneln. Dies beweist, dass solche Erfahrungen lediglich die Reaktion des Gehirns auf eine Art von Reiz sind, der die Menschen dazu veranlasst, diese Bilder zu sehen. Würde eine Welt nach dem Tod wirklich existieren, so würde sie nicht irgendetwas aus der Vergangenheit ähneln. Da ich außerdem nie von einer solchen Welt gehört habe, die der ähnelt, in der wir leben, kann die andere Welt nicht existieren."

Das stimmt nicht. Die andere Welt verändert sich im gleichen Maße, wie sich diese Welt verändert. Sterben Menschen, die in unserer heutigen Zeit leben, so erscheint in der anderen Welt der Lebensstil, den sie gewohnt sind. Menschen, die heute noch am Leben sind und die andere Welt wirklich schon gesehen haben, haben keinen Ort aus alten Zeiten gesehen, der den Berichten von Menschen entspricht, die vor Hunderten oder sogar Tausenden von Jahren eine Nahtoderfahrung gehabt haben. Vielmehr haben sie Orte gesehen, die äußerst modern sind. Sowohl Himmel als auch Hölle verändern sich. Die modernen Städte, wie wir sie heute haben, beginnen sogar schon, sich in der anderen Welt zu zeigen.

Nahezu alles, was in dieser Welt existiert, manifestiert sich in ähnlicher Form in der Welt der Gedanken. Wenn sich viele Menschen etwas wünschen, so wird es sich zeigen. So funktionieren die Dinge in der anderen Welt. Wenn sich viele Menschen eine Transportform wünschen, dann wird sie erscheinen, als würde sie tatsächlich existieren. Es werden Züge und Flugzeuge erscheinen, obgleich es in jener Welt Metalle in physikalischer Form nicht gibt. Würden sich genügend Menschen einen Ort wünschen, der mit einem irdischen Paradies vergleichbar wäre, dann würde ein schöner Park, ähnlich einem der Themenparks in unserer Welt, erscheinen. Die Kulisse würde nicht mehr an alte Zeiten erinnern. Sie wäre in vielerlei Hinsicht dem, was wir auf der Erde heute haben, extrem ähnlich.

Manche Menschen sagen: „All diejenigen, die eine Nahtoderfahrung hatten, berichten immer, sie seien zurück in die Vergangenheit gereist, aber es kann nicht alles so altmodisch sein. Daher glaube ich nicht an ein Leben nach dem Tod.“ Aber in Wirklichkeit hat die Modernisierung in der anderen Welt bereits begonnen. Es ist kaum mehr ein Unterschied zwischen dieser Welt und der anderen. Natürlich gibt es Welten, in welchen die Zeit für ihre Bewohner schon seit langem stillsteht. Doch es gibt auch Welten, die so gestaltet sind, dass die Menschen von heute sich wohlfühlen. Ein moderner Lebensstil manifestiert sich auch, um diese Menschen gut führen zu können.

In der anderen Welt gibt es auch Schulen und Krankenhäuser, wie bei uns hier, und viele arbeiten dort. Das Leben in der anderen Welt schreitet rasch voran - alles verändert sich im Tagestakt. Früher gab es an den Schulen in der anderen Welt nur Schüler, die in ihren letzten Leben die gleiche Nationalität hatten, doch in der geistigen Welt von heute sind die Schulen ganz international. Die andere Welt unterliegt also ebenso raschen Veränderungen wie die Erde auch.

Wir leben in einer unermesslichen Welt und durchlaufen eine lange, kontinuierliche Folge von Reinkarnationen. Wenn wir daher über Zeit oder Raum nachdenken, können wir nicht den gleichen, begrenzten Maßstab dieser Welt anlegen, der auf der Sichtweise beruht, dass ein Leben sich nur über den Aufenthalt von einigen wenigen Jahrzehnten in dieser Welt erstreckt.

Wir müssen unseren Horizont erweitern und an das ursprüngliche Wesen glauben, das den großen Kosmos und auch die geistige Welt erschaffen hat. Es ist auch wichtig, dass wir an diejenigen glauben, die die Menschen auf Erden als seine Vertreter anleiten, und unser Leben auf seinen Glauben stützen.

Von nun an werden wir all unsere Energien darauf verwenden, dieses Wissen über die ganze Welt zu verbreiten. Dies ist besonders in Ländern wichtig, in welchen materielle Werte eine große Rolle spielen und mehr als die Hälfte der Bevölkerung die andere Welt und den Glauben verächtlich belächelt. Wir werden gegen diese Ignoranz ankämpfen. Dies ist kein Kampf um des Kämpfens willen. Es ist ein Kampf um die Liebe. Es ist ein Kampf um die Wahrheit. Enorm viele Menschen leben falsch, weil sie es nicht besser wissen. Infolgedessen müssen sie für eine Zeitspanne, die vielen Leben entspricht - oder viele zigmal mehr als diese - nach dem Tod in großem Schmerz leben. Es trifft immer zu, dass die Menschen weniger Fehler begehen, wenn sie die Wahrheit in einer frühen Phase des Lebens kennenlernen.

3

Leben Sie ein Leben in der Liebe

Ändern Sie Ihre Grundhaltung im Leben, um glücklich zu werden

Die ideale Haltung im Zeitalter der Sonne besteht erstens darin zu glauben und zweitens, im Leben Liebe zu verteilen. Wir müssen eine Welt erschaffen, die von Liebe erfüllt ist. Dabei handelt es sich nicht um eine Idee, die nur vor 2.000 Jahren zu Zeiten von Jesus Christus von Interesse war. Im Grunde hat das große Wesen, das wir Gott oder Buddha nennen, ein Herz, das von Liebe und Barmherzigkeit erfüllt ist. Dieses Herz inspiriert und leitet die Menschen. Daher müssen wir - als Kinder Gottes - in Liebe und Barmherzigkeit leben.

Wie jedoch in vielen Romanen dargestellt, neigt der Mensch dazu, die Liebe zu missverstehen, sie als etwas zu betrachten, das man nimmt, oder als etwas, wonach man ein sehnsüchtiges Verlangen hat. Viele Menschen in dieser Welt glauben, dass sie glücklich sein werden, wenn sie Liebe bekommen, und dass sie jedoch unglücklich sein werden, wenn sie keine bekommen. Infolgedessen überlegen sie nur noch, wie sie Liebe bekommen können, wie viel Liebe sie sich nehmen und wie sehr sie sich umsorgen lassen können.

Viele sehnen sich nach der Liebe, und nur wenige sind bereit, Liebe zu geben - so verhält es sich in der Welt, in der wir gerade leben. Wenn die Menschen imstande wären, einander zu helfen, könnten sie glücklich leben. Doch jeder versucht nur, von anderen zu nehmen, und so gelingt es den Menschen nicht, glücklich zu werden. Dies ist eine traurige Welt. Nur wenn die Menschen ihre Grundhaltung ändern, wird es ihnen gelingen, ihr Glück zu finden.

Wer in seinem Leben Liebe schenkt, beweist, dass er ein Kind Gottes ist

Liebe bedeutet, vom anderen nicht zu nehmen, sondern zu geben. Der Grund hierfür ist, dass jeder in seiner Essenz ein Kind Gottes, ein Kind Buddhas ist. Gott oder Buddha ist die verkörperte Liebe und Barmherzigkeit in Person. Wenn Sie also ein Leben führen, in dem Sie anderen Ihre Liebe schenken, so ist dies ein Beweis dafür, dass Sie ein Kind Gottes oder ein Kind Buddhas sind. Das bedeutet, dass Sie in einer Welt des Gebens leben - wie die Sonne, die einfach gibt, ohne einen einzigen Cent für ihre Arbeit zu fordern.

Es ist wichtig, dass Sie immer so leben, dass Sie anderen von Nutzen sind, und anderen immer etwas geben. Anstatt zu fragen, was andere für Sie tun sollen, sollten Sie sich vielmehr selbst fragen: „Was kann ich für andere tun?" Finden Sie dann die Antwort in Ihrem Herzen. Auf diese Weise wird sich der Himmel auf Erden manifestieren.

Es gibt viele unterschiedliche Philosophien über die Liebe, doch die einfachste ist zugleich auch die wichtigste. Der Versuch, Liebe zu bekommen, ist nichts anderes als die „Fessel der Anhaftung", die in der buddhistischen Lehre beschrieben wird. Das Wichtige daran ist, nicht Liebe zu nehmen, sondern zu geben. Die Frage ist, wie sehr Sie andere Menschen lieben. Anstatt sich darüber zu beschweren, wie wenig Liebe Sie bekommen, sollten Sie darüber nachdenken, wie sehr Sie selbst Ihre Mitmenschen in Ihrem Leben geliebt haben oder wie sehr Sie diese in Zukunft lieben werden. Dies wird die treibende Kraft für eine künftige ideale Welt sein.

4
So erlangen Sie eine höhere Stufe der Erleuchtung

Das Herz ist die wahre Essenz der Seele

Ich habe über das Grundprinzip der Liebe gesprochen. Es gibt ein weiteres Prinzip, das man unbedingt verstanden haben muss, und das ist die Erleuchtung. Das Wort „Erleuchtung" hat einen buddhistischen Klang. Manche mögen meinen, es sei einfach nur eine Denkrichtung einer bestimmten Religion. Doch es ist sehr wichtig, dass jeder die Erleuchtung richtig verstanden hat. Einfach ausgedrückt: Erleuchtung bedeutet, dass der Mensch nicht nur aus einem Körper besteht, sondern in seiner Essenz eine Seele ist, ein Herz, welches das Zentrum der Seele ist und den Körper bewohnt und kontrolliert.

Es gibt Menschen, die den Buddhismus als Atheismus, Materialismus oder eine Religion betrachten, die lehrt, dass es keine Seele und kein Herz gibt. Doch es ist oft der Fall, dass eben diese Menschen nicht leugnen würden, dass der Buddhismus die Existenz des Herzens anerkennt. Es gibt auch Menschen, die behaupten, der Buddhismus lehre ein Leben ohne Ego. Sie sind der Meinung, wenn es kein Ego gibt, so bedeutet das auch, dass es keine Seele gibt. Doch auch diese Kritiker können nicht behaupten, dass es kein Herz gibt. Das Herz ist die wahre Essenz der Seele.

Wenn Sie in die andere Welt zurückkehren, ist dieses Herz das Einzige, was Sie mitnehmen können. Die Menschen missverstehen dies, denn sie stellen sich die Seele als etwas Festes, Dreidimensionales vor, das eine bestimmte Form hat. Aber in Wirklichkeit besitzen Sie die Freiheit, alle möglichen Gedanken zu denken. Denken ist Ihre wahre Natur. Es wird in der anderen Welt weiterexistieren. Allein Ihre Gedanken und Ihre Denkfunktion wird mit in die andere Welt hinübergehen.

In der anderen Welt wird die Seele ihre menschliche Form bewahren, solange ihre Erinnerungen an dieses Leben noch frisch sind. Doch während diese allmählich verblassen, verliert die Seele ihre Form. Sie wird allein als Denken weiterexistieren und ein Wesen des Denkens werden. Wären die Menschen eine Art Spielzeug mit einem Aufziehwerk, so könnten sie sich nur in einer vorgegebenen Weise bewegen, ohne denken zu müssen. Doch in Wirklichkeit ist dies nicht der Fall. Die Menschen denken über viele verschiedene Dinge nach und können Entscheidungen treffen, die sie für richtig befinden. Wir können selbst bestimmen, in welcher Weise wir denken wollen. Wir haben völlige Entscheidungsfreiheit, was das Denken betrifft. Die Essenz des Menschseins ist die Fähigkeit, unsere Meinung zu ändern und Entscheidungen aus unserem freien Willen heraus zu fällen. Diese Essenz lebt in der anderen Welt auch weiter, nachdem sich der Körper aufgelöst hat. Nur das Denken und die Gedanken bleiben.

Viele Menschen verwenden heutzutage den Begriff „Seele" nicht gern. Doch es ist wichtig zu erkennen, dass die Gedanken, die mit den großen Errungenschaften derer einhergegangen sind, die vor Hunderten oder Tausenden von Jahren verstorben sind, in der großen geistigen Welt immer noch existieren. Die Brillanz der Seele und die Gedanken der Menschen, die inspirierende Werke vollbracht haben, existieren immer noch und beeinflussen auch weiterhin viele Menschen bis auf den heutigen Tag.

Jesus Christus lebte auf dieser Erde beispielsweise nur 33 Jahre lang, doch sein Werk endete nicht, als er seinen physischen Körper verließ - seine Gedanken leben heute noch weiter. Shakyamuni Buddha verließ diese Welt vor 2.500 Jahren. Betrachtet man das intellektuelle Niveau der Menschen, die damals lebten, so mögen manche von Ihnen bezweifeln, ob Menschen, die vor so langer Zeit gelebt haben, etwas wirklich Wertvolles gesagt haben können. Doch die Barmherzigkeit und Erleuchtung Buddhas existieren heute noch. Dies ist das Mysterium und das Wunder der geistigen Welt.

Es ist wichtig zu erkennen, dass der Mensch ein spirituelles Wesen ist und dass das Herz das ausmacht, was wir in Wirklichkeit sind. Ich meine nicht das Herz, das sich in einem Zustand der Täuschung befindet, sondern das essenzielle Herz. Wir müssen unsere geistige Einstellung uns selbst gegenüber verändern und uns selbst aus einer anderen Perspektive betrachten.

Ein höherer Grad der Erleuchtung ermöglicht eine bessere Planung der Zukunft

Wie ich in meinen verschiedenen Lehren erläutert habe, wird Ihr Herz erhöht und gereinigt werden und es wird stärker erstrahlen, wenn Sie sich bemühen, sich selbst zu disziplinieren, um zu versuchen, näher zu Buddha oder Gott heranzurücken. Der Bewusstseinsstand, den Sie während Ihres Lebens in dieser Welt erringen können, entspricht direkt der Ebene, in der Sie nach Ihrem Tod in der anderen Welt landen werden. Ist es Ihnen gelungen, während Ihrer Zeit auf der Erde mit dem Herzen eines Bodhisattwas oder Engels zu leben, so wird Ihr Herz nach Ihrem Tod in das Reich der Bodhisattwas in der siebten Dimension gehen - in die Welt der Engel, und nirgendwohin anders. Sie brauchen nicht darauf zu warten, bis Sie tot sind, um zu erfahren, ob Sie in den Himmel oder in die Hölle kommen. Dies können Sie bereits zu Lebzeiten in Erfahrung bringen.

Woran denken Sie jeden Tag? Was haben Sie während des letzten Jahres gedacht? In den letzten zehn Jahren? Wenn Sie das Niveau Ihrer Gedanken betrachten, werden Sie ablesen können, in welchem Reich Sie nach dem Tod landen werden und in welchem Reich Sie Ihre Zeit in der anderen Welt bisher verbracht haben. Das bedeutet: Indem Sie Ihren Grad der Erleuchtung erhöhen, wird es Ihnen möglich sein, einen besseren Plan für die Zukunft zu entwerfen, der bestimmt, welches Leben Sie künftig führen werden, und Sie zu Ihrer wahren Aufgabe erweckt. Daher ist dies so wichtig. Ich wünsche mir, dass Sie sich darauf konzentrieren, sich im praktischen Prinzip der gebenden Liebe und im Prinzip der Selbstverbesserung zu üben. Mit anderen Worten: Erkennen Sie sich selbst, erkennen Sie Ihr wahres Wesen und arbeiten Sie daran, sich selbst zu vervollkommnen.

5

Lassen Sie uns die Erde in ein „Utopia“, in eine ideale Welt verwandeln

Wie sieht Gottes großer Plan aus?

Um die Erde in eine ideale Welt, in ein „Utopia“, zu verwandeln, braucht die Menschheit zwei wichtige Werkzeuge: die Liebe und die Erleuchtung. Dieses Utopia wird jedoch nicht materialistisch ausgerichtet sein. Ich habe weder die Absicht, die Annehmlichkeiten dieser Welt zu kritisieren, noch die Bedeutung der Nahrungsmittel, unserer Kleidung, unserer Behausung oder anderer Notwendigkeiten im Leben zu leugnen. Ich bin mir der Tatsache durchaus vollkommen bewusst, dass diese Dinge den Menschen ein Glücksgefühl vermitteln. Was ich jedoch ausdrücken möchte, ist Folgendes: Wir dürfen die Prioritäten nicht vertauschen.

Vergessen Sie nicht, dass die geistige Vervollkommnung in Ihrem Leben auf Erden oberste Priorität hat. Die ganzen welt lichen Vorzüge der Zivilisation, die es gibt, sind nur dazu da, um die Vervollkommnung zu erleichtern. Verwechseln Sie also niemals das Hauptthema mit den Randthemen.

Es ist wichtig, eine Gesellschaft aufzubauen, die Ihr Hauptaugenmerk auf den Geist richtet, eine Gesellschaft, in der die Menschen nach Liebe und Erleuchtung suchen, ungeachtet ihres Ranges in der Gesellschaft oder ihrer Lebensweise. Die Art von Welt, die wir erschaffen möchten, ist nicht unbedingt eine Welt, die für das Auge sichtbar ist. Sie lässt sich nicht an ihren Gebäuden, an ihren Straßen, an ihren politischen oder wirtschaftlichen Doktrinen beziehungsweise an ihrer Lebensweise festmachen. Diese Dinge können sich nämlich leicht ändern.

Während wir in dieser vergänglichen Welt leben, ist es wichtig, dass wir uns der Richtung bewusst sind, die wir einschlagen sollten, sowie dessen, was sich nicht abändern lässt, und welche hohen Ziele wir anstreben sollten. Arbeiten Sie dann daran, diese Welt so zu verwandeln, dass sie dem Reich der Bodhisattwas, der Welt der Engel, ähnlich wird. Aus diesem Grund streben enorm viele Menschen seit vielen, vielen Jahren in dieser Welt nach geistiger Vervollkommnung. Dies ist Gottes großartiger Plan.

Vermitteln Sie die Wahrheit, um viele Menschen zu erretten

Angesichts der Dinge, die wir in der Schule und von der Gesellschaft lernen, mag diese Art von Wissen absurd erscheinen. Doch sobald Sie diese Welt verlassen und in die nächste Welt reisen, wird auch der letzte Mensch merken, dass das, was ich sage, zu 100 Prozent wahr ist. Manch einer von Ihnen mag an dieser Stelle einwerfen: „Wenn wir das nach unserem Tod sowieso herausfinden, dann können wir das doch abwarten, oder?“ Es ist jedoch am besten, wenn Sie diese Wahrheit bei der erstbesten Gelegenheit erkennen.

Wir möchten den Menschen helfen, die in dieser Welt leben, damit sie nach ihrem Tod nicht mehrere Jahrhunderte in der Finsternis der Hölle leiden müssen. Wir leben alle in derselben Welt und haben Zugang zu den gleichen Informationen, doch aus verschiedenen Gründen gibt es Menschen, die Fehler begehen. Es gibt durchaus falsche Lebensformen. Daher ist es notwendig, die Menschen darüber aufzuklären und ihnen zu helfen, auf die richtige Weise zu leben. Obgleich dies die Aufgabe der Engel im Himmel ist, sollten wir auch versuchen, diese Menschen aufzuklären, während sie noch in dieser Welt leben.

Die treibende Kraft, um eine ideale Welt auf Erden zu erschaffen, ist auch die Energie, mit der man die Wahrheit vermittelt. Wir sollten nicht vergessen, dass die Weitergabe von Wissen über die Wahrheit ein Ausdruck von Liebe ist. Um so viele Menschen wie möglich zu retten, braucht es religiöse Aktivitäten. Aus diesem Grund möchten wir die Wahrheit so vielen Menschen wie nur möglich vermitteln und laden sie ein, sich uns anzuschließen.

Die Kraft derjenigen, die gläubig sind, ist noch schwach. Wenn aber immer mehr Menschen gläubig werden, wird die Zeit kommen, da wir den kritischen Punkt erreichen und unsere Glaubensüberzeugungen von jedem als Wahrheit akzeptiert werden. Um die Ankunft dieses Tages zu beschleunigen, bete ich darum, dass das Buch „Das Gesetz der Sonne“ seinen Weg in die Hände von so vielen Menschen wie möglich finden wird. Ich bete dafür, dass es den Menschen, die noch mit der Wahrheit in Berührung kommen müssen, zum Leitfaden wird, dass es das Brett vor ihren Augen beseitigt, damit sie die Welt der Wahrheit erkennen und sich für sie ein neues Leben als Kinder Gottes eröffnet.

Nachwort

Nun - welchen Eindruck haben Sie von diesem Buch, nachdem Sie es gelesen haben? In der Vergangenheit habe ich die Wahrheit aus vielen verschiedenen Blickwinkeln gelehrt. Dieses Buch jedoch stellt meinen ersten Versuch dar, eine direkte Einführung in die Grundlehren von Happy Science zu geben.

Ich habe vor, noch weitere Bücher in der Serie „Die Gesetze" zu produzieren. Ich vermute aber, dass dieser - der achte Band in Folge - den ersten Wendepunkt markiert und es mir erlaubt, meine Grundideen neu zu ordnen und neu zu strukturieren. Während dies mein Ziel war, als ich es geschrieben habe, so glaube ich zugleich jedoch auch, dass dieses Buch die Kraft hat, die Seelen vieler Menschen zu retten.

Der edle Achtfache Pfad, den Gautama Siddhartha - oder Shakyamuni Buddha - vor 2.500 Jahren gelehrt hat, mag für die Menschen von heute zu unverständlich sein. Sie mögen ihn als weit hergeholt oder irrelevant betrachten. Aus diesem Grund habe ich nach etwas Neuem gesucht, nach etwas, das für die Menschen in der heutigen Zeit besser passt, und ich habe das Prinzip des Glücks entwickelt. Es umfasst die vier Säulen, die den modernen Vierfachen Pfad bilden.

Das erste ist *das Prinzip der Liebe*, das zweite *das Prinzip der Weisheit*, das dritte *das Prinzip der Selbstreflexion* und das vierte *das Prinzip des Fortschritts*. Sie stellen einen völlig neuen Ansatz dar. Ich bin mir sicher, dass Ihre Zukunft - sowohl in diesem als auch im nächsten Leben - strahlend leuchten wird, wenn es Ihnen gelingt, diese vier Prinzipien in Ihrem Alltagsleben zu meistern.

Liebe ist ein einfaches Wort. Doch meiner Meinung nach ist es heute sehr schwer, die Liebe, von der Buddha spricht, die Liebe im wahrsten Sinne des Wortes, das heißt Barmherzigkeit, zum Ausdruck zu bringen.

Während wir gerade im Informationszeitalter leben, das sich immer weiter ausbreitet, habe ich es gewagt, das Prinzip der Weisheit aus religiöser Sicht zu erläutern. Natürlich gehört dazu das Wissen um die Wahrheit, die ich vermitteln möchte, aber auch Allgemeinwissen über diese Welt. Dieses Prinzip ist auf die sich immer weiter ausbreitende Welt der akademischen Wissenschaften und des Informationszeitalters ausgelegt. Ich möchte, dass Sie die Bedeutung dieser Lehre für die moderne Welt erkennen.

Das Prinzip der Selbstreflexion ist die Rückkehr zur Basis der Religionen in dem Bemühen, die Essenz der Lehren des Buddhismus und des Christentums zu erfassen und darzulegen. Für diejenigen, die diesen Aspekt bei ihrem Studium vertiefen möchten, empfehle ich die Lektüre weiterer Bücher von mir und den Besuch der Seminare bei Happy Science.

Das Prinzip des Fortschritts ist eine Lehre für unsere moderne Zeit und die Zukunft. Ich glaube, es wird den Lesern die Bedeutung der Religion deutlich machen. Dieses Prinzip ist eines der Erkennungszeichen von Happy Science. Doch es ist nicht nur ein Prinzip für die Zukunft - vor dem Hintergrund des Geistes der alten Griechen weist es einen Weg, der zur Erschaffung einer idealen Gesellschaft für die gesamte Menschheit führen wird. Somit ist es wahrhaftig das Prinzip des Fortschritts. Es erklärt auch, wie der Buddhismus, das Christentum und der Islam ihre derzeitige Stagnation überwinden und Ausblicke für die Zukunft gewinnen können.

Mit dem Gefühl großer Erleichterung bin ich imstande, dieses grundlegendste meiner Bücher zu veröffentlichen. Ich hoffe, es wird vielen Menschen das Studium erleichtern. Als neunten Band in der Serie „Die Gesetze" plane ich ein Buch mit dem Titel „Die Gesetze der Mystik". Darin möchte ich die Wahrheit über das grenzenlose Mysterium der geistigen Welt erklären. Ich bin mir sicher, dass es sich lohnen wird, die Erscheinung dieses Werkes mit Spannung zu erwarten.

Ryuho Okawa
Meister und Vorsitzender der Happy Science Gruppe

Über den Autor

Meister Ryuho Okawa erhielt im Jahr 1981 seine ersten Botschaften von bedeutenden Figuren der Weltgeschichte - von Jesus, Buddha und anderen Wesen aus dem Himmel. Diese heiligen Wesen kamen auf ihn mit leidenschaftlichen Botschaften großer Dringlichkeit zu und ersuchten ihn inständig, den Menschen auf Erden ihre heilige Weisheit zu überbringen. Seine Berufung, ein spiritueller Anführer zu werden und Menschen auf der ganzen Welt mit den lange geheim gehaltenen Wahrheiten über den Ursprung der Menschheit und der Seele zu inspirieren, wurde ihm enthüllt. Diese Gespräche lüfteten den Schleier der Geheimnisse von Himmel und Hölle und wurden zum Fundament, auf das Meister Okawa seine spirituelle Philosophie aufgebaut hat.

Als er spirituell immer bewusster wurde, erkannte er, dass diese Weisheit, die er empfangen hat, das Potential enthält, der Menschheit dabei zu helfen, religiöse und kulturelle Konflikte zu überwinden und ein Zeitalter des Friedens und der Harmonie auf Erden einzuläuten. Kurz vor seinem 30. Geburtstag gab Meister Okawa seine vielversprechende Karriere im Geschäftsleben auf und widmet sich seitdem persönlich der Veröffentlichung der Botschaften, die er vom Himmel bekommt. Er ist in Japan zum Bestseller-Autor avanciert, der mehr als 1.500 Bücher veröffentlicht hat. Die Allgemeingültigkeit der Weisheit, die er lehrt, sowie seine religiöse und spirituelle Philosophie, die alles umfasst und eine Einheit bildet, und die er mit seinen unnachahmlich einfachen, pragmatischen Methoden vermittelt, ziehen weiterhin Hunderte von Millionen von Lesern an. Neben seiner Schriftstellerei, die er weiterhin betreibt, hält Meister Okawa auch weltweit öffentliche Reden und Vorträge.

Über Happy Science

Im Jahre 1986 gründete Meister Ryuho Okawa Happy Science, eine spirituelle Bewegung, die sich dem Ziel verschrieben hat, der Menschheit mehr Glück zu bescheren, indem sie die Schwellen überwindet, die durch die Zugehörigkeit zu verschiedenen Rassen, Religionen und Kulturen entstehen, und indem sie auf das Idealbild einer Welt hinarbeitet, die in Frieden und Harmonie vereint ist. Happy Science ist dank der Unterstützung durch Anhänger, die im Einklang mit den erleuchteten Worten der Weisheit von Meister Okawa leben, seit der Gründung in Japan rapide gewachsen und breitet sich nun über die ganze Welt aus. Heute zählt die Bewegung mehr als 12 Milliohnen Mitglieder in über 100 Ländern. Sie unterhält Glaubenszentren in vielen Großstädten, u. a. auch in New York, Tokio, London, Paris, Sydney, São Paulo, Seoul sowie Wien, Luzern und Berlin.

Meister Okawa spricht im wöchentlichen Turnus in einem der Zentren von Happy Science und reist mit einer öffentlichen Vortragsreihe um die Welt. Happy Science bietet verschiedene Programme und Dienste an, um Gemeinden und Menschen in Not vor Ort zu unterstützen. Zu diesen Programmen zählen Vorschulprogramme, externe Bildungsprogramme für Jugendliche im Anschluss an die Schulzeit sowie Dienste für Senioren und körperlich eingeschränkte Menschen. Die Mitglieder nehmen auch an gesellschaftlichen Aktivitäten und Wohltätigkeitsprojekten teil, die in der Vergangenheit u. a. zur Unterstützung der Erdbebenopfer in Chile und China beigetragen haben, richten Hilfsfonds für eine Wohltätigkeitsschule in Indien ein und spenden Moskitonetze an Krankenhäuser in Uganda.

224 Seiten, Klappenbr.
ISBN 978-3-89845-211-3
€ [D] 11,90

Ryuho Okawa

Die Herausforderung des Geistes

Karma und menschliches Glück

Die bedeutsamen Lehren des Buddha sind äußerst effektiv, um tatsächlich ein glückliches, friedliches Leben zu fördern – doch sie sind leider meist sehr verkompliziert dargestellt. Mit der Erläuterung des Wesens des Karmas und anderer Schlüsselbegriffe der buddhistischen Lebensweise in klaren, einfachen, jedoch tiefgründigen Worten, die zum Nachdenken anregen, ist dieses Buch daher eine hervorragende Einführung in die wahrhaft wundervolle Tradition des Buddhismus. Dieses Buch zieht den Schleier des Mystischen beiseite – und offenbart Ihnen die Essenz des Buddha ...

208 Seiten, broschiert
ISBN 978-3-89845-156-7
€ [D] 11,90

Ryuho Okawa

Der Aufstieg durch die Dimensionen

Die Gesetze der Ewigkeit

Jedes unserer Leben ist nur ein Teil einer Serie von Leben, deren Ursprung in der anderen, der spirituellen Welt zu finden ist. In diesem faszinierenden Buch enthüllt der Autor und Eingeweihte Ryuho Okawa die multidimensionalen Aspekte der »anderen«, der realen Welt. Er beschreibt dabei anschaulich und in moderner Sprache die verschiedenen Dimensionen sowie deren Charakteristika. Die Gesetze der Ewigkeit erklären genau, warum es so wichtig für uns ist, den Aufbau und die Geschichte der spirituellen Welt zu kennen – und sei es allein, um neue Motivation für dieses Leben zu bekommen ...

208 Seiten, broschiert
ISBN 978-3-89845-109-3
€ [D] 11,90

Ryuho Okawa

Die Essenz des Buddha

Der Pfad zur Erleuchtung

»Die Essenz des Buddha« bietet eine zeitgemäße Interpretation der traditionellen buddhistischen Lehre, die es jedem Menschen erlaubt, ein erfülltes Leben zu führen.
Der Meister und Schriftsteller Ryuho Okawa vermittelt dem Leser in einer modernen und verständlichen Sprache die grundlegenden Lehren des buddhistischen Verständnisses des Lebens, wie den Achtfachen Pfad, die sechs Paramitas, das Gesetz der Kausalität, die Natur des Karmas und Reinkarnation. Allein durch eine Veränderung unseres Bewusstseins können wir den einzigen Weg beschreiten, der uns zu Zufriedenheit führt – und somit zu einer besseren Welt.

128 Seiten, broschiert
ISBN 978-3-89845-329-5
€ [D] 6,95

Ryuho Okawa

Danke, mir geht es bestens!

Herausforderungen gelassen meistern

Wie gehen Sie mit Herausforderungen in Ihrem Leben um? Begegnen Sie schwierigen Situationen gelassen, oder stellen Probleme unüberwindbare Hürden für Sie dar?
Dieses Buch ist ein modernes Trainingsprogramm und zeigt Ihnen, wie Sie in schwierigen Situationen den Überblick und stets eine positive Grundhaltung zum Leben behalten. Universelle Formeln im Buch helfen Ihnen dabei, Ihren einzigartigen Charakter zum Leuchten zu bringen, fröhlich zu sein und sich einen freien Geist zu bewahren.
Dieser wertvolle Begleiter ist eine wahre Schatztruhe für ein Leben in Harmonie.

256 Seiten, broschiert
ISBN 978-3-89845-424-7
€ [D] 16,95

Gloria Boileau

Ohne Angst leben

Stellen Sie sich eine Welt vor, in der Sie ohne Angst leben. Diese Welt kann Ihre sein!
Dieses lebensverändernde Buch wird die Angst in Ihrem Leben besiegen. Es wird Ihnen mit besonderen Methoden helfen, Ihr Leid zu lindern, Ihnen neue Energie schenken und Ihre Ängste für immer davonjagen. Wenn Sie die vorgestellten Methoden verinnerlichen, werden Sie besser für Ihr Leben gerüstet sein und negative Denkmuster ausmerzen können.
Also atmen Sie tief durch – nicht aus Angst, sondern aus Vorfreude auf die guten Dinge, die da kommen werden. Es ist Zeit, die Angst loszulassen und die Freiheit zu begrüßen!

168 Seiten, Klappenbr.
ISBN 978-3-89845-152-9
€ [D] 10,90

Franziska Krattinger

Ein Wort genügt!

... sich einfach umprogrammieren

Schalten Sie einfach um – Manchmal genügt ein einziges Wort, um verborgene Haltungen ans Licht zu bringen oder Einstellungen zu ändern. Dabei gibt es spezielle Worte, die gleichsam eine magische Wirkung haben, da sie die Schlüssel zu unserem Unterbewusstsein sind: Schaltworte.
Schalten Sie einfach um! – und beobachten Sie die Veränderungen in Ihrem täglichen Leben, ohne dass Sie bewusst daran denken oder eine Vorstellung der Lösung haben müssen. Nutzen Sie die Kraft, eine Situation augenblicklich im besten und idealen Sinn zu verändern.

120 Seiten, broschiert
ISBN 978-3-89845-316-5
€ [D] 6,95

K. A. Francis

OM – Die Essenz der göttlichen Energie

OM ist der Puls des Universums, der Ton des bewussten Seins ... Der Ton von OM hallt in jedem Wort wider, in jeder Bewegung, die im Universum erzeugt wird. Diese Töne und Bewegungen begleiten uns ohne Anfang und Ende! K. A. Francis hat die heilige Silbe OM analysiert und bringt ihre wesentliche Bedeutung im Einklang mit der heutigen Zeit auf den Punkt, damit OM in Ihrem Innern aufsteigt und Körper und Geist harmonisiert.
Dieses Buch ist eine kleine Schatztruhe und gibt in einer einfachen und schönen Sprache wieder, was jeder über OM wissen sollte, um es für sich zu nutzen.
Ein wunderschön illustriertes Buch aus dem Ursprungsland des OM – Indien.

256 Seiten, 2-fbg., broschiert
ISBN 978-3-89845-394-3
€ [D] 16,95

Jessica Lütge

Die spirituelle Schatzkiste für Familien

111 Ideen und Spiele

Geborgenheit und Liebe in der Familie können durch kleine Zeichen der Gemeinsamkeit, gemeinsame Rituale oder spontane Überraschungen entstehen.
In diesem Buch erfahren Sie, wie Sie sich als Familie gemeinsam wahrnehmen, spüren und sich spielerisch und lichtvoll vertrauen. Sie finden viele Ideen, Spiele, gemeinsame Entspannungsangebote und Wohlfühlmomente. Manche bringen ganz schnell wieder frische Energie, andere zaubern ganz viele glückliche Momente und wieder andere lassen ein besonderes Gemeinschaftsgefühl entstehen. Das Schöne daran: Sie können alle Angebote mit Ihren Kindern gemeinsam ausprobieren.

Weiterführende Informationen zu
Büchern, Autoren und den Aktivitäten
des Silberschnur Verlages erhalten Sie unter:
www.silberschnur.de

Natürlich können Sie uns auch gerne den
Antwort-Coupon aus dem beiliegenden
Lesezeichenflyer zusenden.

Ihr Interesse wird belohnt!